专项职业能力考核培训教材

商务礼仪接待

四川省职业技能鉴定指导中心　组织编写
周凌洁　主　编

中国劳动社会保障出版社

图书在版编目(CIP)数据

商务礼仪接待 / 四川省职业技能鉴定指导中心组织编写；周凌洁主编. -- 北京：中国劳动社会保障出版社，2023

专项职业能力考核培训教材

ISBN 978-7-5167-6223-3

Ⅰ.①商… Ⅱ.①四…②周… Ⅲ.①商务 – 礼仪 – 职业培训 – 教材 Ⅳ.①F718

中国国家版本馆 CIP 数据核字（2023）第 252751 号

中国劳动社会保障出版社出版发行

（北京市惠新东街 1 号　邮政编码：100029）

*

北京市白帆印务有限公司印刷装订　　新华书店经销

787 毫米 ×1092 毫米　16 开本　7.5 印张　138 千字

2023 年 12 月第 1 版　2023 年 12 月第 1 次印刷

定价：21.00 元

营销中心电话：400-606-6496

出版社网址：http://www.class.com.cn

版权专有　　侵权必究

如有印装差错，请与本社联系调换：（010）81211666

我社将与版权执法机关配合，大力打击盗印、销售和使用盗版图书活动，敬请广大读者协助举报，经查实将给予举报者奖励。

举报电话：（010）64954652

本书编委会

主　任　尹　晓　陈云峰

委　员　李　沙　魏忠孝　谢　昆　杨俊洁　叶林坤
　　　　田羽涵

本书编审人员

主　编　周凌洁

副主编　张婧劼

编　者　宋　健　杨　敏　刘利亚　金　华

主　审　林　芝

前 言

职业技能培训是全面提升劳动者就业创业能力、促进充分就业、提高就业质量的根本举措，是适应经济发展新常态、培育经济发展新动能、推进供给侧结构性改革的内在要求，对推动大众创业万众创新、推进制造强国建设、推动经济高质量发展具有重要意义。

为了加强职业技能培训，《国务院关于推行终身职业技能培训制度的意见》（国发〔2018〕11号）、《人力资源社会保障部　教育部　发展改革委　财政部关于印发"十四五"职业技能培训规划的通知》（人社部发〔2021〕102号）提出，要完善多元化评价方式，促进评价结果有机衔接，健全以职业资格评价、职业技能等级认定和专项职业能力考核等为主要内容的技能人才评价制度；要鼓励地方紧密结合乡村振兴、特色产业和非物质文化遗产传承项目等，组织开发专项职业能力考核项目。

专项职业能力是可就业的最小技能单元，劳动者经过培训掌握了专项职业能力后，意味着可以胜任相应岗位的工作。专项职业能力考核是对劳动者是否掌握专项职业能力所做出的客观评价，通过考核的人员可获得专项职业能力证书。

为配合专项职业能力考核工作，在人力资源社会保障部教材办公室指导下，四川省职业技能鉴定指导中心组织有关方面的专家编写了专项职业能力考核培训教材。教材严格按照专项职业能力考核规范编写，内容充分反映了专项职业能力考核规范中的核心知识点

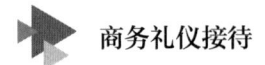

与技能点,较好地体现了科学性、适用性、先进性与前瞻性。相关行业和考核培训方面的专家参与了教材的编审工作,保证了教材内容与考核规范、题库的紧密衔接。

专项职业能力考核培训教材突出了适应职业技能培训的特色,不但有助于读者通过考核,而且有助于读者真正掌握相关知识与技能。

本教材由四川西部人力资源开发中心承担具体编写工作。教材在编写过程中,得到了成都华禾职业技能培训学校、四川旅游学院、环球风尚联盟文化传播(北京)有限公司、泸州职业技术学院、四川省大邑县职业高级中学、乐山职业技术学院、成都铁路卫生学校等单位的大力支持与协助,在此表示衷心感谢。

教材编写是一项探索性工作,由于时间紧迫,不足之处在所难免,欢迎各使用单位及读者提出宝贵意见和建议,以便教材修订时补充更正。

目 录

培训任务1　商务礼仪基础知识
学习单元1　商务礼仪概述 …………………………………… 2
学习单元2　个人形象礼仪 …………………………………… 6
学习单元3　商务交往礼仪 ………………………………… 28

培训任务2　商务拜访
学习单元1　公司拜访礼仪 ………………………………… 46
学习单元2　家庭拜访礼仪 ………………………………… 49

培训任务3　商务接待
学习单元1　迎宾与饮食安排 ……………………………… 54
学习单元2　商务会议礼仪 ………………………………… 60
学习单元3　商务仪式礼仪 ………………………………… 66
学习单元4　商务参观考察礼仪 …………………………… 79
学习单元5　商务宴请礼仪 ………………………………… 81
学习单元6　商务送别礼仪 ………………………………… 90
学习单元7　商务馈赠礼仪 ………………………………… 92

学习单元 8　涉外商务礼仪 …………………………………………… 96

学习单元 9　商务接待总结 …………………………………………… 106

附录 1　商务礼仪接待专项职业能力考核规范 ………………………… 109
附录 2　商务礼仪接待专项职业能力培训课程规范 …………………… 111

培训任务 1

商务礼仪基础知识

学习单元 1

商务礼仪概述

了解礼仪，不仅可以帮助人们了解本国或地区的文化，还可以改善人们的道德观念、提高社会文化素养、净化社会风气。在国际贸易不断扩大的背景下，商务交往活动日益增多，而商务礼仪人才也越发紧缺。掌握商务礼仪知识，有助于建立融洽的人际关系，获得更多的职业发展机会。

一、商务礼仪的概念

商务礼仪是指人们参加商务活动时为显示彼此敬重、维护企业形象以及个人形象的行为规范和惯例。与一般的人际交往礼仪相比较，商务礼仪更为规范化，与企业的经济效益息息相关。商务礼仪是现代商务活动中必不可少的交流工具，诸多企业将商务礼仪视为员工必备的基本技能，作为入职的教育和培训内容。

二、商务礼仪的特点

随着知识传播速度的加快、经济和信息技术的迅猛发展，以及全球化的推动，商业环境正在发生深刻变化，商务交流途径不断增多，商务礼仪也因此呈现出新的特点。

1. 发展更新快

随着时代的发展,无论是商界新人还是商务领袖,都能够明显感受到商务礼仪正在发生快速变化,部分旧的礼仪规范已被淘汰,新的礼仪规范不断涌现。例如全球多元文化持续发展,在平等、尊重、宽容方面对交往礼仪提出了更多的要求。再如,移动互联网的发展改变了交流方式,人们需要学习使用即时通信软件,更需要注重线上沟通的礼仪与禁忌。

2. 实用化与简约化

商务礼仪在某种程度上变得更讲究实用性。例如,男士在开会时看到女士进来,无须起身迎接;一行人遇到需要开门的情况,女士如果走在前面,也可由女士开门。这些规则的改变是由于商务活动节奏有所加快,商务礼仪抛弃了一些传统文化中的礼仪规范,向实用化、高效化的方向发展,更加利于商务交往。

商务礼仪发展的另一个重要特征是简约化,简单、方便成为现代商务礼仪的追求。例如,现在过节的方式越来越简单,各种各样的晚会减少了,人们不必疲于应付各种聚会,可以用更多的时间陪家人共度节日。这种趋势表明了商务礼仪正在朝着自然主义方向发展。

3. 趋同化与特殊性

随着国际交往的增加,人们迫切需要一套公认的国际礼仪规范,使国家之间和商业团体之间的关系变得更加协调,避免因文化、价值观念和礼仪规范的差异造成冲突,降低这些差异带来的矛盾和阻力,加快业务发展。这种各国和各商业团体在长期交往中形成的礼仪规范正在趋同。

商务礼仪与普通社交礼仪相似,但也具有特殊性。有些普通社交礼仪不适用于现代商务社会。商务礼仪中,不论地位和职位的高低,相互尊重和援助体现了人际关系的平等。例如,在普通社交礼仪中,当长者到场时,主人应该起身迎接,这是一种文明,但并不完全适用于商务活动。

4. 规范性

在办公室中,应避免私人话题的讨论;在正式场合中,不要谈及敏感的话题,如政治、宗教或种族等;在开业典礼上,应营造欢乐的氛围;宴会和会议也有着严格的规定:这些商务领域的惯例不应随意改变。

三、商务礼仪的作用

随着竞争的加剧和不同行业产品与服务日益趋同,企业所提供的产品与服务已经没有了明显的差异,所以商务礼仪和服务态度对于客户的影响就极其重要。同时,商务礼仪也体现了企业文化环境和员工个人素养,有助于维护企业的良好形象。对个人而言,人际交往能力水平和综合素质的高低则是影响个人升迁的重要因素。总而言之,商务礼仪有以下几方面作用。

1. 树立良好形象,促进合作发展

礼仪可以塑造企业及个人的良好形象。礼仪修养与良好形象有着密不可分的关系。在商务活动中,人们应该注重礼仪,掌握现代商界遵循的礼仪规范。

企业可以通过得体的拜访、谈判、宴请等商务活动及善待商务伙伴的方式树立高效、诚信、易于交往的良好形象,展现企业的管理水平和文化风貌,从而提升经济效益。因此,商务人员要注重礼仪,规范自身行为,这不仅能展示个人素质,更是树立并巩固企业形象的重要方式。就商务人员而言,应该注重自己的礼仪和修养,学习并贯彻礼仪规范,为自己打造良好的形象。

恰当的礼仪可以传达出真诚、友善、尊重等信息。从心理学角度讲,在人际交往初期,交往双方彼此不太了解,很可能会存在某种戒备和距离感。如果在交往初期能表现得有礼貌、周到,就可以降低对方的心理防御,拉近双方的关系,建立良好的人际关系。反之,如果失礼粗鲁,就容易产生情感排斥,影响人际互动。例如,事先预约拜访可以避免意外打扰,准时赴约也能体现出尊重对方。因此,在商务活动中,适当运用礼仪有助于建立信任,促进合作发展。

2. 提高商务人员素养,展现自身价值

商业礼仪将企业规章制度、规范和道德规范转化为一系列刚性的行为范式。员工要认真遵守企业法章制度,自觉维护企业的优良形象,同时展现企业的管理水平。现代企业需要注意的是,市场竞争的落脚点是人员素质的竞争,礼仪素养可以体现商务人员的个人修养。

信任和好感是商务活动获得成功的重要因素,良好的礼仪素养可以使客户增加对自己的信任,推动商务关系和个人事业的发展。例如,在与客户共进晚餐时,言行得体或许就能够决定交易的成败。

3. 提升自我优势,增加成功概率

个人的言谈举止对个人形象、人际关系和发展机会都有影响。得体优雅的行为和

着装可以更好地彰显自身优点与长处，从而获取更多机会。从管理者的角度来看，得体的行为举止不仅提高了管理效率，还可以促进团队内部的和谐关系，同时获取上级的认同和下属的支持。个人加强自己的行为规范，可以更融洽地与团队成员相处，受到上级领导的青睐，获得更多学习和工作机会，这些因素将为个人的幸福生活和职业发展创造有利条件。对于企业来说，良好的礼仪规范可以提高企业凝聚力，丰富组织文化内涵，从而赢得更多的发展机遇。

如今商务领域的竞争变得越来越激烈。要在这样的环境中脱颖而出，必须具备卓越的能力、娴熟的人际交往技巧和良好的职业形象。商务礼仪可以帮助个人赢得客户的信任和好感，促进商务关系的发展，提升商务交往的成功率。

学习单元 2

个人形象礼仪

个人形象在商务交往中有不容忽视的影响力。

一、仪容礼仪

仪容的核心构成是面部容貌、发式及未遮掩的肌肤，是个人仪表的基本要素。商务交往中，仪容整洁是对客户最基本的尊重。

纵然以貌取人不合情理，但姣好的容貌无疑会令人赏心悦目、心向往之。而提升个人气质与内在修为，让形象与心灵相辅相成相统一，则需要长期不断努力。下面将着重从清洁、妆容、发式三个方面，讲解如何扬长避短，创造修饰出淡雅清秀、健康得体的容貌形象。

1. 清洁

仪容清洁需做到勤洗头，无头屑；勤洗澡，无异味；勤漱口，无口臭；勤剪指甲，无污垢；勤换衣袜，无尘渍。在进行商务活动前，不吃大葱、大蒜等带有异味的食物。服饰整洁，没有破洞、开线，并熨烫平整；衣领和袖口处要干净；皮鞋光亮。

在日常清洁中，皮肤的清洁至关重要。皮肤是人们天然的"衣裳"，极为娇嫩，健康有活力的面部皮肤是人们都想拥有的。了解分析自己的皮肤，并在早上起床之后和晚上睡觉之前，针对不同的气候、皮肤类型和性别选择适合自己的洗面奶进行清洁，是保护皮肤的第一步。脸部皮肤表面每天产生的老化细胞需要及时清理,以免阻塞毛孔,阻碍体内废物的排出,导致皮肤无法正常吸收养分。女士若化妆,入睡前需使用适合自己的卸妆产品进行清洁。

皮肤常见肤质类型见表1–1。

表1–1　　　　　　　　　　　　　　皮肤常见肤质类型

类型	特点	清洁要点
干性肤质	肤质细腻白净,毛孔细小,皮脂分泌不足,皮肤无光泽,容易出现细纹、干裂、斑点	在清洁时需要防止水分流失,建议选择温和型的洗面奶,充分起泡后轻柔地洗净肌肤,避免大力揉搓和长时间热水冲洗
油性肤质	肤质较厚,油脂分泌旺盛,毛孔粗大,易长痤疮,鼻梁多黑头,不易产生皱纹	在清洁时建议选用既能够去除多余油脂,又能够有效保湿的洁面产品,并定期做清洁护理。日常护理需要控制皮肤油脂的分泌,保持皮肤清洁,减少痤疮、黑头的发生,少食油炸、辛辣的食品,养成良好的饮食习惯与生活习惯
中性肤质	肤质细腻娇嫩,毛孔细小,少有瑕疵或细纹,油脂与水分分泌得当,整个面部散发光泽,充满弹性	日常清洁相对简单,建议用温和型的洗面奶进行清洁,并根据季节变换和身体状态调整护肤产品,保证充足的睡眠与健康的饮食
混合性肤质	油脂分泌不均,一般来说,前额、鼻子和下巴属于油性肤质,两颊和眼周属于中性或干性肤质,常常会在一张脸上同时出现油性皮肤和干性皮肤的问题	清洁时建议分区域选择产品,或在使用温和型洁面产品后,针对前额、鼻子、下巴区域进行清洁护理

正确的洗脸方法是根据脸部肌肉的纹理走向,自下而上、由内往外洗。

清洁面部时还须注意:水温不宜过高;水量充足,便于冲洗干净;手法得当,力度温柔,避免大力揉搓按压皮肤;不要忘记清洗颈部和耳后。

2. 妆容

时间不同,场合不同,面对的人群不同,妆容需要有所差异。一般情况下,出席商务场合,以淡妆为宜,体现朝气、积极的精神面貌。

女士化妆的基本步骤如下。

(1)涂抹粉底。涂抹粉底是化妆的首要步骤(也可根据个人习惯,在涂抹粉底前使用妆前隔离产品),主要是为了掩盖面部皮肤瑕疵,如痘印、肤色不均、斑点等。选择粉底既要考虑肤色深浅，也要考虑皮肤基调，一般来说，商务场合的淡妆尽可能选择在自然光线下与肤色接近的粉底颜色。用化妆海绵蘸取适量的粉底，由上往下、由内往外地轻轻推抹或拍打，让粉底均匀附着在面部。在脸部边缘的地方，注意使面部皮肤的颜色与发际和颈部的颜色自然融合。

（2）涂眼影。将眼影色彩有层次感和立体感地晕染开，可以使眼睛看起来生动有神采。眼影既可以单色运用，也可以多色运用；既可以水平向上晕染，越往上颜色越淡，也可以纵向晕染，越往眼角处颜色越淡。选择眼影颜色时既要考虑与肤色协调，还要考虑到服饰、场合等因素。

（3）画眼线。眼线的作用是使眼睑边缘清晰，增加眼睛轮廓的清晰度和神韵，增加有浓密睫毛的视觉效果。画上眼线时，用拇指在上眼睑处将皮肤轻微上提，贴近睫毛根部，从眼角往眼梢处画，并在眼梢处轻微上扬。画下眼线时眼睛向上看，从眼梢处向内眼角画。建议不要连接眼梢处的上下两根眼线，避免显得眼睛较小。

（4）涂睫毛膏。如果想要使眼睛看起来又大又有精神，可以用睫毛夹将睫毛夹卷曲后涂睫毛膏。涂上睫毛时，需水平拿着睫毛刷在睫毛根部左右摆动，从根部到梢部涂抹，从眼睛中段的睫毛开始涂，然后涂眼梢位置的睫毛，最后涂内眼角的睫毛。涂下睫毛时，垂直拿着睫毛刷，用睫毛刷的尖端在睫毛上左右摆动。

（5）描眉。作为眼睛的外框，眉毛在很大程度上影响着脸部表情的呈现。描眉之前需先准备好小工具，如修眉刀、小剪刀、螺旋刷。用螺旋刷按照眉毛的生长方向梳顺，根据个性类型设计适合自己的眉形，眉头位于内眼角前鼻梁的垂直线上，眉峰位于鼻翼到眼珠外侧的连接线上，眉尾的位置在鼻翼到眼尾的延伸处。把稀疏散落且多余的杂毛修掉，并用螺旋刷按照眉毛生长方向再次梳顺，用小剪刀平着把过长的眉毛修剪整齐，然后开始描眉。一般来说，眉毛颜色不宜过深，最好比自己头发稍浅一些。用眉笔按照眉毛生长的方向一根一根地画，再用螺旋刷刷一刷，令画上去的眉毛和原来的眉毛看起来融为一体。

（6）抹胭脂。胭脂俗称腮红，它对化妆的格调和效果起着重要的作用，可以根据皮肤和脸形的特点以及妆型的基调来选择颜色。较浅的粉底不宜使用太红的颜色；脸部窄小的情况下，胭脂颜色不宜浓。以做微笑表情时颧骨附近能隆起的部位为中心点，用腮红刷蘸取适量的腮红，从中心点向耳根处涂抹，以上不高于眼角水平线、下不低于嘴角水平线、内不超过眼睛 1/2 垂直线为宜。

（7）涂唇膏。唇妆是化妆中的点睛之笔，以符合脸形、唇线分明、唇角略微上翘为宜。先用与唇膏颜色相近的唇线笔勾画出适合自己脸形的唇形。画唇线的顺序：上唇线先画唇峰，再由唇角向中间描画；下唇线先画唇底，再由唇角向中间描画。立体饱满不晕染唇膏的唇形，是可以长时间保留的。涂唇膏时，建议用唇刷蘸取适量的唇膏，从上嘴唇中间向两边嘴角涂开，直至全部涂满后再涂下嘴唇，同样是从中间向两边嘴角涂开。嘴大的人可以不用涂满，离嘴角有些距离会显得嘴小。唇膏的颜色既要与自己的肤色和妆容整体协调，又要考虑季节变化：春夏季节颜色可以稍浅些，秋冬颜色可以稍深些。

（8）修正补妆。最后检查化妆的效果，根据需要进行调整、补充和修饰。

对男士来说，出席商务场合前，也需要对容貌进行适当的修饰和美化：剃须修面必不可少；适当护肤，避免面部皮屑产生；修剪鼻毛，不让鼻毛露出鼻腔；吸烟的男士还需定期洁牙。从原则上来说，男士面部的妆容要干净自然、不着痕迹。

除了面部外，平日里还应该注重对颈部和手部的护理。颈部是时常被忽视的地方，也是容易显现一个人年龄的部位；手是人的第二张脸，是使用较勤、动作较多的部位。手会在商务交往中给对方留下印象，因此，应保证手部的清洁，不让指甲两侧有死皮，也不让指甲内有污垢，避免留长指甲、涂夸张的指甲油，不采用夸张的甲饰。

3. 发式

色泽亮丽、柔顺而富有弹性的头发能给人以健康活力的感觉，造型美观、大方得体、符合个人气质的发式容易给人留下良好印象。

人们观察一个人往往是"从头开始"的，因此商务人员既要重视头发的洗涤，也要做好头发的养护，干枯分叉的头发会影响个人的外在形象。

发式的美与不美并非独立存在，它与脸形、体形、年龄、职业、服饰、气质等有着密切的关系。商务人员发式的基本要求是：美观大方、发式持久，符合个人特点与职业要求，便于工作。如女士头发超过肩部时应盘发、束发，而男士的发式应尽可能前不遮眉、侧不挂耳、后不触领。此外，商务人员不建议染发，如确有染发需求，应尽可能选择与自身发色差异小的颜色。

（1）发式与脸形。脸形是决定发式的重要因素之一，而发式可以扬长避短，修饰脸形。比如利用两侧鬓发和顶发改变脸部轮廓，利用头发长短调整脸形的视觉重心，利用宽长波浪发填充细长头颈，借助发辫、发鬓来协调头面部的不完美之处。

不同脸形适合的发式见表1-2。

表1-2　　　　　　　　　　　　　不同脸形适合的发式

脸形	适合发式	注意事项
方脸（国字脸）	顶发蓬松，侧发收紧，也可烫大波浪，用圆润的线条减弱脸部线条方正的视觉效果	对下颌两侧锐利的线条进行柔和处理，使切角圆润。尽可能避免长度刚好到下颌的发式，那会凸显脸宽

续表

脸形	适合发式	注意事项
圆脸	顶发松散的齐肩长发，也可烫宽波浪，利用层次使脸形呈鹅蛋形	尽可能避免前额梳浓密厚重的一片式刘海，两侧头发避免隆起。不建议剪短发，因为剪短后容易让两侧的头发鼓起，更容易凸显脸形圆润
三角脸（梨形脸）	可选择烫发使顶发具有蓬松感，两侧头发紧贴脸部，改变三角形的视觉效果。如果是上宽下尖的倒三角脸形，则让顶发收紧，侧发蓬松	不建议留短发或盘发髻
长脸	顶发适当遮额，侧发松软圆润，线条柔和，以活泼、能使脸形开阔的发式来削弱长脸形的严肃感，如"波波头"	不宜留直线型长发。避免头发往后梳，因为会凸显长脸形的特征
鹅蛋脸	可选择束发、盘发等能够露出脸部轮廓的发式，越简单越好	建议避免梳厚重宽阔的刘海以及复杂的发式

（2）发式与体形。身材高挑的人，建议选择外轮廓圆润的发式；身材小巧的人，建议选择顶发蓬松的短发或中长发，让重心上移；身材丰满的人，建议选择侧发服帖的短发发式；身材高大的人，建议以中长发或长发为宜。

（3）发式与年纪。年轻人的发式需要体现青春、活力与朝气，长短均可；中年人的发式以整洁简单、大方儒雅为宜。商务场合中，中年女性建议以短发、卷发或盘髻为主；男性三七分头显俊秀，短平头显自信与刚健。

二、仪表礼仪

仪表是个人外在举止风度的整体呈现，包括容貌、体态、服饰等。在人际交往中，与年龄、职业、气质、场合相吻合的仪表，往往能给人留下良好的第一印象。

1. 着装礼仪的原则

在人们的生活工作中，服装是必不可少的。服装不但满足人们的物质需求，也满足了人们的精神需要，更有标识作用。人们往往可以通过着装展现出自己的品性、喜好、职业特性等，从这个意义上说，着装是一张社交"名片"。

着装礼仪需要遵循以下几个原则。

（1）和谐性原则。人的形体与服饰的外在呈现构成了服饰的外在美，而人的精神、气质、修养、风度和服装的气韵构成了服饰的内在美。有些时候，看着很美的衣服穿在不同的人身上会呈现出不同的效果，所以在选择服装的时候，要考虑个人的形体、容貌与服装是否和谐，还要契合所处的场合或氛围，例如：过于高大、瘦、矮的体形，需要对服装做一些扬长避短的修正，装扮出优美的体形；在庄重、严肃的场合，宜穿着成熟稳重的服装。

（2）个性原则。一般情况下，人们都希望自己作为独立的个体被社会接纳，有时候在服饰的选择方面也可兼顾个性化。莎士比亚曾说过："服装往往可以表现人格。"选对色彩，找准款式，就能让服装符合自己的气质，展现个性。

（3）TPO原则。TPO原则就提醒人们在选择着装的时候，根据时间（time）、地点（place）和目的（object）的不同，穿着对应的服装，详见表1-3。

表1-3　　　　　　　　　　　　　　　TPO原则

类型	说明
时间原则	一天中时间大致分为早、中、晚三个时段，一年中又有着春、夏、秋、冬四个季节，此外还有时代的差异。在平常生活中，着装的时间性表现得较为明显。早起运动时穿的运动装不会混同于下午出席会议时的西装；冬季的羽绒服在夏季穿着也会显得唐突
地点原则	地点原则即环境原则。人们在不同的社会场合扮演不同的社会角色，不同的环境需要不同的服饰来与之协调。例如：参加庆典仪式、接见重要人物、出席正式宴会等场合，着装应庄重；在肃穆场合，如葬礼现场，着装应以黑色、灰色为宜；参加亲朋婚礼时，可选择色彩柔和、款式不夸张的小礼服，但应尽量避免穿着与新娘主纱、敬酒服撞色的服装
目的原则	不同的目的、不同的主题，需要不同的服装来匹配。工作服有着安全、舒适的性能，运动服能够适应锻炼时身体的舒展需要，商务正装能体现出从业者的稳重与专业

2. 男士着装礼仪

男士着装多遵循三一定律。"三"指身上着装的颜色不超过三种，同一色系的颜色算一种，比如浅蓝色与深蓝色都属于蓝色系，算一种；颜色太多会显得杂乱而没有重点。"一"指腰带、鞋子、公文包尽可能选择同一颜色、同一材质。

（1）西装。商务场合中，男士着装以西装为主。

1）西装的类型。商务场合中，西装大致分为礼服与便服两类。礼服泛指适用于庄重场合中或举行仪式时所穿的服装，详见表1-4，目前国际上逐渐以深色西装套装取代礼服；便服是指适合一般场合穿着的衬衣、外套等服装，目前国际流行的西装便服在外观造型上分为英式、美式与欧式三大流派，它们有着不同的特点，详见表1-5。

表1-4　　　　　　　　　　　　　　西装礼服的类型

类型	说明
晨礼服	又名常礼服。多为黑色，上装后摆呈圆尾型，领带以黑色、灰色为主，裤子一般用背带，搭配白衬衫、黑袜子、黑皮鞋，可戴黑礼帽。晨礼服是白天穿的正式礼服，时常在参加典礼、到教堂做礼拜时穿着
燕尾服	又名大礼服。多为黑色或深蓝色，上装前摆与腰齐平，后摆如同燕子尾巴一样，裤子一般用背带，搭配白色领结、黑皮鞋、黑袜子、白手套，可戴大礼帽。燕尾服是一种晚礼服，适用于晚宴、舞会等极其隆重的场合
小礼服	又名便礼服。上衣与普通西装相同，通常为全黑或全白，搭配白衬衫、黑领带或黑蝴蝶结、黑皮鞋、黑袜子，是晚间集会最常用的礼服，多用于晚六点以后举行的晚会、晚宴

表1-5　　　　　　　　　　　　　　西装便服的类型

类型	说明
英式西装	素有"正式西装"之称，在正式场合，人们多选择英式西装。它的肩部与胸部有着平坦流畅的线条，轮廓清晰，一般采用纯毛织物制成，多以深蓝色和黑色为主，搭配白衬衫和黑领结最能体现绅士派头
美式西装	面料较薄，有一定伸缩性，服饰的机能性得到重视，肩部没有采用过高的垫肩，胸部不紧绷，后背开单衩或双衩，穿着时保持自然形态，适合用作日常办公服
欧式西装	与英式西装相似，但更为考究，面料多以黑蓝精纺毛织物为主，腰身收紧，袖管窄且瘦，裤管呈锥形收窄，肩部垫高，给人一种双肩耸起的感觉，胸部做得十分挺括，背后开双衩，整体效果带有浪漫情怀

2）西装的颜色。西装的颜色有多种，例如黑、棕、米、灰、藏蓝等。正式商务场合男士应该穿着深色西装（如藏蓝色），而商务正式晚宴或聚会时则更适合着黑色西装。休闲西装的色彩给人较为随意轻松的感觉，单色或混合色都可以，如浅蓝、灰蓝、宝蓝、黄色、咖啡色等。若想不拘一格，可选用带有格子或条纹图案的西装。

3）西装的穿着规范。西装七分在"做"，三分在"穿"。

①衬衣。在选择衬衣时，需注意其是否合身，衬衣应以衣领高出西装衣领0.5～1厘米、袖口露出西装袖口外1～2厘米为宜，既凸显衣着的层次，又可以保护西装。白色或浅蓝色带细条纹的长袖衬衫较为常用，穿着前应熨烫平整。

衬衣领分为扣领、系领、圆领与宽领（见图1-1）。

②领带。领带在男士的配饰中有着重要地位，常被称为西装的"灵魂"。正式场合穿着西装，领带必不可少，可根据个人的情况选择质地好，颜色与款式能和西装相辅相成的领带。领带不可过于花哨，系好的领带长度以在皮带上沿处一厘米左右为宜。领带结应饱满有形，如若需要，可将领带夹夹在衬衣的第三、四颗纽扣之间。常见的领带打法见表1-6。

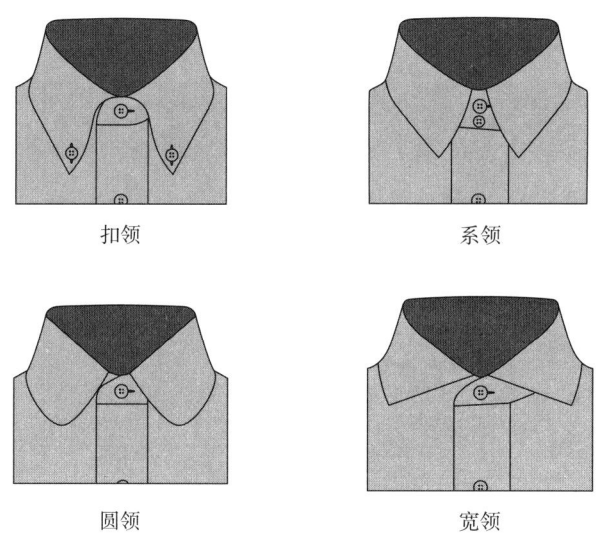

图1-1　衬衣领型

表1-6　　　　　　　　　　常见的领带打法

类型和步骤	说明
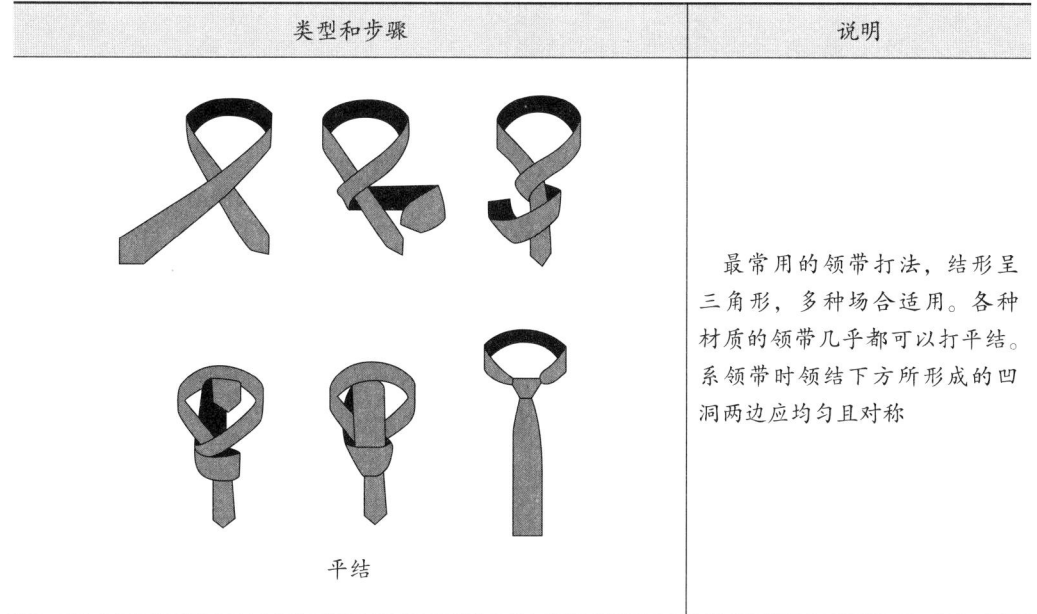　　平结	最常用的领带打法，结形呈三角形，多种场合适用。各种材质的领带几乎都可以打平结。系领带时领结下方所形成的凹洞两边应均匀且对称

续表

类型和步骤	说明
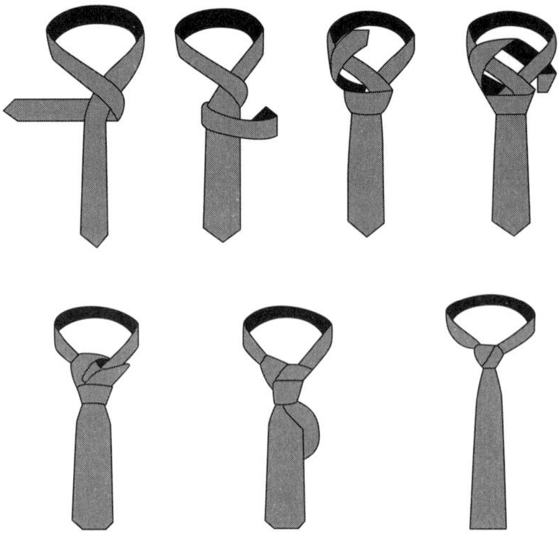 交叉结	适用于材质较薄，并带有些许流行元素的单色领带
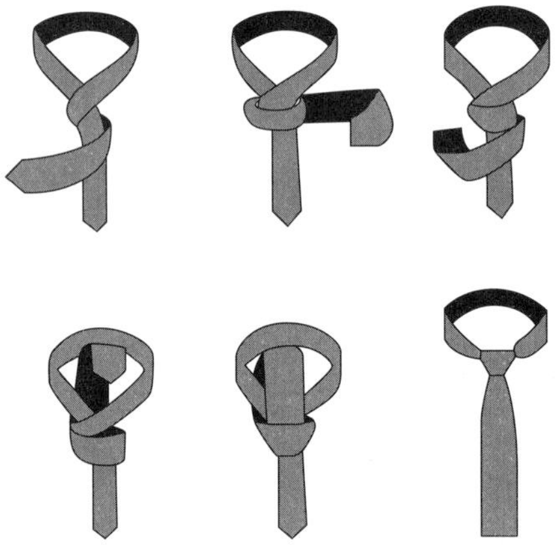 双环结	适用于年轻上班族常用的带有时尚感且质地细致的领带。双环结在完成后，第一圈会稍露出于第二圈之外
 温莎结	因温莎公爵而得名的领带结，是最正统的领带打法。打出的结为饱满有力的倒三角形。适用于材质薄的领带。在较为严谨庄重的场合可打温莎结，但应注意领结不要打得过大

续表

类型和步骤	说明
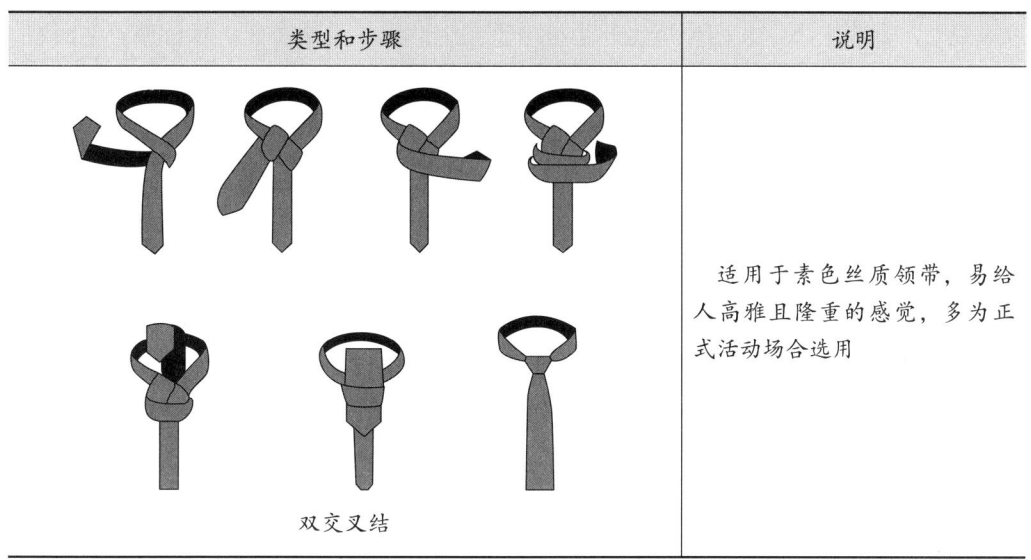　　双交叉结	适用于素色丝质领带,易给人高雅且隆重的感觉,多为正式活动场合选用

③毛衫。一般情况下,在西装上衣之内最好不要再穿着除了衬衫与背心之外的其他衣物。气候寒冷时,可在衬衫外穿一件薄款套头V领羊毛衫或羊绒衫。如果一定要在衬衫内添加衣物,数量仅可一件,且领口与袖口都不可超出衬衫。

④纽扣。西装有双排扣和单排扣之分。穿着双排扣的西装时,所有扣子全部扣上,以示庄重。穿着单排扣的西装时,如遇较为正式的场合,则扣一颗纽扣:三粒扣的西装上衣扣中间的一颗纽扣,两粒扣的西装上衣扣上面一颗纽扣。在休闲场合中,为展现潇洒的一面,则单排扣的西装可以不扣。穿西装背心,要扣上纽扣,其中单排扣背心最下面的纽扣可以选择不扣。

⑤口袋。建议在衬衣、背心、西装上衣、裤子等口袋里不装或少装东西以保持西装的平整。如若需要,西装内部左侧的胸袋,可以别一支钢笔,也可用来放钱夹或名片夹。西装上衣左侧的外胸袋可插入一块丝质口袋巾,原则上不在下方的两只口袋放任何东西。西装背心上的口袋除怀表外,不宜再放别的东西,因其多具装饰功能。西装裤子前方两侧的口袋只能放像纸巾一样小而薄的物件,后侧的两只口袋通常不放东西。

⑥鞋袜。穿着西装时,以深色皮鞋作为配搭,不能穿旅游鞋、布鞋、拖鞋或露脚趾的凉鞋。皮鞋要勤擦拭,无异味。建议选择深色袜子,以黑色、藏蓝色为佳,不能穿白色或色彩鲜艳跳脱的袜子。袜子要勤换洗。

⑦公文包。公文包是商务男士外出时常配备之物,也被戏称为"移动式办公桌"。公文包的面料以牛、羊真皮为宜,选用黑色、棕色最佳,颜色浅、色彩多的公文包不适合商务男士。

（2）中山装。中山装是我国男士的传统礼服，前门襟有五粒扣子，封闭式领口，带风纪扣，共有上下左右四个袋盖外翻且带盖扣的口袋。无论在任何场合穿着中山装，都要使其保持平整，避免内里穿得过多而显得臃肿，要扣好扣子，衣领可稍微露出一道白衬衫领。成年男性穿着上下同质同色的毛料中山装，配上黑色皮鞋，出席各种外交、社交场合，显得格外大方、稳健、庄重。

3. 女士着装礼仪

女士着装较男士而言，多了很多款式与颜色，选择余地较大，西装套裙、连衣裙、旗袍等都可以在正式场合穿着。当女士代表企业出席商务场合时，着装以大方、简洁的西装套裙为宜。在社交场合，当女士需要借助服饰展现自己的修养、风格和体态时，选择礼服最佳。

（1）西式礼服。西式礼服大致分为西式大礼服、西式小礼服和西式晨礼服三种，均属于西方女性传统礼服，详见表1-7。

表1-7　　　　　　　　　　西式礼服的类型

类型	说明
西式大礼服	又名晚礼服，是最正式的礼服，大多下摆及地，较多显露肩颈、后背、手臂，充分展现女性形体美，可搭配同色帽子或面纱，佩戴长手套、项链、耳环等饰品，适合出席晚间举行的各种正式活动，如大型宴会、晚会等
西式小礼服	又名小礼服，多为长及脚面的露背连衣裙，衣袖长短不限，可搭配手套。适合参加晚上6点以后举行的音乐会、宴会，观看歌剧也可穿着
西式晨礼服	又名常礼服，多为颜色、材质一致的衣裙组合或单件连衣裙，裙长过膝，可搭配帽子、薄纱手套、小手袋，适合出席白天举行的茶会、游园会、婚礼等

（2）旗袍。旗袍是我国女性的传统礼服，多采用高级呢绒、绸缎等制成，衣长至脚面，衣摆两侧开衩至膝盖以上、大腿中部以下，斜开襟，扣至高领处，袖口至手腕，亦可无袖。我国成年女性穿着旗袍，给人端庄、温婉的感觉。

（3）西装套裙。在商务场合，女士的正式服装是西装套裙。西装套裙是用较高档的素色面料，成套设计、精工制作而成，造型简洁，穿着挺括合身，上衣肩部平整，窄裙及膝，是职业女性最规范的工作装。用于商务场合的套裙，多以冷色调素色为主，可以上下颜色统一，也可以采用一种颜色的深浅两色分别用于上衣和裙子，增加层次感。若想增加一些活力，也可穿着以小方格为主体图案的套裙，不可选择宠物、人物、景物、植物等图形为主题图案，以免破坏套裙本有的典雅与庄重。

（4）女士西装套裙着装规范（见表1-8）

表1-8　　　　　　　　　　　女士西装套裙着装规范

着装类型	着装规范
衬衣	穿着西装套裙时，尽量选择纯色或有着简单格子、线条图案的丝绸、棉质衬衣作为搭配，下摆须放在裙腰内，除最上端一粒纽扣可以选择不扣，其他纽扣必须扣上。衬衫不宜太过透明
西装上衣	最短处可以齐腰。在正式场合，无论再热，都不能解开上衣扣子，更不可当着别人面把上衣脱下
裙子	西装套裙的裙子要平整，裙长在小腿肚至膝盖间为最佳。当穿着浅色面料的西装套裙时，一定要穿颜色与之相近且不长于套装裙子的衬裙
袜子	西装套裙搭配肉色的连体丝袜最佳。建议职业女性在随身携带的包里或办公室里多备一两双丝袜，以便丝袜钩丝破损后及时替换
鞋	穿西装套裙当着黑色高跟、半高跟或低跟浅口皮鞋，不可穿鱼嘴鞋、凉鞋、拖鞋、坡跟鞋、靴子等不适合商务场合的鞋。皮鞋要保持光亮，不留灰尘和污迹

4. 配饰使用规范

在商务交往中，人们需要根据不同的场合选择佩戴不同的装饰物。可以依照个人需求，从帽子、耳饰、项链、丝巾、胸针、戒指、手表等饰物中选一两件进行佩戴，不宜超过三件。配饰使用规范见表1-9。

表1-9　　　　　　　　　　　配饰使用规范

配饰	使用规范
帽子	帽子在讲究服饰配套的今天成了女性不可忽视的重要饰物之一。有时候一顶色彩协调、造型生动的帽子会为素雅添上几分艳丽的色彩。在佩戴的时候，帽子的风格应与服装、手套等饰品相互配合，达到珠联璧合的效果
手套	手套不仅仅是一种护手工具，有时也被视为一种精美的装饰物。在与他人握手时应当先摘下手套，但如果女性佩戴的是具有装饰性的手套，则在握手时可以选择不摘下
耳饰	耳饰是女性的使用率仅次于戒指的首饰，佩戴时需考虑自己的脸形、发式，也要与服装相协调。会议、谈判等场合以小巧、不抢眼的耳钉为宜；晚会、宴会则可挑选款式较为出众的耳环

续表

配饰	使用规范
项链、丝巾	两者二选其一，应与年龄、体形相协调，与服装相呼应。在商务场合，颜色淡雅、图案简单的丝巾既不会破坏服饰的庄重感，又能添加些许的生机
胸针、胸花	一般用在西服翻领上。当女性着西装套裙时，不系丝巾会稍显单调，胸针或胸花恰可弥补此不足。由于造型及色彩灵活多样，胸针、胸花具有较强的装饰效果，在社交场合较为常用
戒指	戒指在当今社会已不再只是婚姻的象征。戒指一般戴在左手，而且最好只戴一枚。国际上对戒指戴在不同的手指有着不同的含义：戴于食指，象征着对伴侣的追求；在中指上佩戴，象征着正在经历一段热烈的爱情，这也是一种表达情感、宣告婚约的方式；戴于无名指，象征着已缔结姻缘；戴在小指则多表示为独身主义者。在西方国家，偶有未婚女性将戒指戴在右手无名指上，多是修女戴戒指的习惯。在正式场合，除已婚人士可佩戴婚戒外，其余情况最好不戴戒指
手表、手镯、手链	选其一进行佩戴。于男士而言，手表可以算是最重要的首饰。佩戴手表可给人一种时间观念强、严谨的感觉，同时，也是身份、地位和财富的象征。多数正圆形和正方形的手表因造型庄重、保守，特别适合在正式场合佩戴，金色表、银色表是最理想的选择。在商务场合，男士不宜佩戴手链；女士则可选择佩戴一只手镯或一条手链，款式需与整体服饰相协调
胸牌	在商务场合，一般将胸牌佩戴在自己的左胸前。当制服前门襟采用不对称设计时，胸牌佩戴的位置应以对方容易看清楚为原则，且同单位的工作人员佩戴位置应一致

三、仪态礼仪

人在行为中所展现的姿态和风度，是其表现出的仪态；身体呈现的形态，是其姿态；内在气质的外显，是其体现出的风度。一个人的仪态包括他的一举一动、一颦一笑、站立的姿势、走路的步态、面部的表情等，是一种无声的、丰富的、复杂的语言，也是内在品质、知识、能力等的外在呈现。在商务交往中，从容、自信、谦逊的仪态有助于建立良好的人际关系，利于沟通。

1. 站姿

老人常说"站有站相，坐有坐相"，站立时身体要有一种挺拔向上的力。商务场合中，由于性别的差异，男士女士在站立时，脚呈现的姿势有所不同：男士双脚分开，不超过肩的宽度，突显男性稳健英武的"阳刚"之美；女士双腿并拢，脚跟相接，脚尖并拢或分开 30 度左右，突出娴静、典雅的韵味，呈现"宁静"之美。另外，站立时需做到：头容正，肩容平，胸容宽，背容直，重心在脚掌中间不偏倚，挺胸立腰，下颌微收，双目平视前方，面带微笑，自然顺畅地呼吸。根据双手放置的位置不同，常见的站姿见表 1-10。

表 1-10　　　　　　　　　　　　常见的站姿

类型	说明
 直立式站姿	直立式站姿也称垂手式站姿。在自然站立的基础上，双手自然垂放于身体两侧，手指自然弯曲，男士双脚分开，不超过肩宽，女士双脚并拢。直立式站姿适用于隆重、正规的场合
 前腹式站姿	前腹式站姿也称握手式站姿。在直立式站姿的基础上，男士双脚分开不超过肩宽，两手在腹前交叉，左手握半拳，右手握住左手手腕；女士脚跟相触，脚尖向外打开约 30 度，将双手置于体前小腹处，右手握住左手四指。前腹式站姿适用于任何场合，相较而言，女性使用前腹式站姿，更能体现含蓄的美

续表

类型	说明
 腰际式站姿	男士双脚分开，不超过肩宽，两手在身后腰际处交叉，右手握半拳，左手握住右手手腕；女士在前腹式站姿的基础上，将双手上移至肚脐处。腰际式站姿适用于严肃场合，较适合男士
 丁字式站姿	丁字式站姿也称"T"形站姿，是女性常用的站姿。在前腹式站姿的基础上，变换脚的位置，一脚在前并将脚跟靠在另一脚内侧中段的位置，双脚尖向外展开，形成"丁"字。丁字式站姿适用于站立时间长的时候，将身体重心放在后脚上，让前脚得以休息，也可自行调换前后脚的位置

2. 走姿

走姿也称为行姿或步态，是人体运动中的形体动作，"行如风"是人们对于步态所体现出的精神面貌的赞美。走姿的基本要求是：女士自然轻盈，男士轻松稳健。

（1）前行行走姿势（见图1-2）。以直立式站姿为基础，表情放松，面带微笑，目光平视前方，两手半握松拳，肩关节带动双臂使其前后自然摆动，摆幅不要过大，手臂向前时与身体约成30度，手臂向后时与身体约成15度，步伐均匀，速度适中，重心微微前倾，脚跟先着地，脚间距以本人一脚到一脚半的长度为宜，男士走平行步，女士尽可能让双脚走在一条直线上。

图 1-2　前行行走姿势

（2）后退行走姿势。退出房间或与人告别时，用余光确定身后无人也无其他障碍物后，以前脚掌轻抚地面，欠身小步幅后退两三步，先转身再转头，最后离去。

（3）工作中行进姿态的礼仪要求

1）行进中靠右行走。若在狭窄的通道与人相遇，可停下脚步，侧身礼让后尽快通过；若遇急事，应向对方声明并致歉；对方礼让时，应向其表达谢意。

2）行进中避免左顾右盼、弯腰驼背、步伐过快、扭腰摆臀、脚跟拖地。在商务场合，切忌穿底部带有金属、走路叮当作响的鞋子。

3）商务人员要避免连蹦带跳地行走。如遇紧迫的事，可以加快步伐，不到万不得已，不可慌张奔跑，造成紧张气氛。

4）多人一起行走，不要勾肩搭背或排成横队，以免影响他人行进。

3. 蹲姿

在日常生活或公共场合，人们难免会拿取放在低处的物件，或拾起不小心掉在地上的东西。下蹲拾物时应自然、得体、大方，保持脊背挺拔，臀部带动腰部下沉，背部放松，避免腰背肌肉过度紧张而引起的疼痛和疲劳。常见的蹲姿见表 1-11。

表 1-11　　　　　　　　　　　　　　　常见的蹲姿

类型	说明
高低式蹲姿	下蹲时左脚在前，全脚着地，右脚稍后，脚掌着地，后跟提起，左膝高于右膝，以右腿为主力支撑，男士双腿可分开适当距离，女士双腿贴紧，臀部向下。这种蹲姿的特点是方便、简洁
交叉式蹲姿	左脚向右腿的右前侧迈步后，左小腿约垂直于地面，全脚着地，右膝从左腿后方向左侧伸出，右脚脚掌着地，后跟提起，两腿贴近合力支撑身体，臀部向下。这种蹲姿的特点是优美、典雅，仅适用于女士

蹲姿的礼仪要求如下。

（1）下蹲前，先观察周围情况，注意与他人保持一定距离，避免相撞。

（2）与他人相隔较近，下蹲时应避免正面或背面对人，以侧身对人为宜。

（3）下蹲时避免弯腰驼背，不可撅起臀部。

（4）不可蹲在椅子上。

4. 坐姿

坐姿是人们生活中常见的一种举止，其基本要求是自然轻稳。行走至座位前一步远的地方以直立式站姿站定，转身背对座位后，右脚后撤半步，确定座离自己的距离，头正目平，双手轻微拢一下衣裙，落座至座位的三分之一或三分之二处，身体自然挺直，最后收回右腿，使其与左腿平行，双手自然放在腿上。女士落座，双腿并拢，男士双腿可适当分开。起立时，右脚后撤半步以支撑发力，站稳后双手轻理衣裙再迈步离开。常见的坐姿见表 1–12。

表 1–12　　　　　　　　　　　常见的坐姿

类型	说明
 双腿垂直式坐姿	双脚垂直于地面，大腿与小腿成 90 度，男士两脚分开同肩宽，双手自然放在两腿上，女士腿脚并拢。这种坐姿适用于正规场合
 双腿前后式坐姿	一脚前伸，全脚落地，另一脚往后，前脚掌落地。男士双脚分开同肩宽，双手自然握放于前伸腿的大腿上；女士膝盖内侧贴合，双脚大致在一条直线上，双手自然合放于膝盖上方

续表

类型	说明
双腿交叉式坐姿	在双腿垂直式坐姿的基础上，将右脚尖向左脚的左后方伸出交叉，右脚掌的右侧点地，双腿并拢。这种坐姿适用于女士
双腿斜放式坐姿	在双腿垂直式坐姿的基础上，同时将双腿向左侧或右侧斜放，大致与地面成45度，双手自然放于腿上，压住裙摆。这种坐姿适用于穿短裙的女士
双腿叠放式坐姿	双腿一上一下完全交叠在一起，上方腿的脚尖内压使脚尖垂直地面，双手自然放于腿上，压住裙摆。这种坐姿适用于穿短裙的女士

坐姿礼仪要求如下。

（1）轻稳入座，尽量避免发出响声或被沙发颠起。

（2）女士无论在入座前还是起立后，都需整理衣裙，避免裙子翻起的尴尬。

（3）不可抖脚，避免用脚尖或脚跟拍打地面。

（4）入座后，自然立腰，不可瘫软驼背。

5. 其他仪态

在人际交往中，人们常常借助神态变化和肢体动作来完善信息、表达感情。眼神、笑容、手势都是时常调动并运用的，这些体态语言往往发挥着重要作用。

（1）眼神。眼睛是心灵的窗户，能传递人们最细微内心语言。友好、坦诚、柔和的眼神会在人际交往中助你一臂之力。

下列眼神的运用要求可供参考。

1）在面对关系一般或者不太熟悉的人时，应避免长时间凝视对方，否则会让对方产生抵触情绪。

2）在商务场合与人交谈时，注视时长以占整个谈话过程的30%～60%为宜。超时注视会显得失礼，让对方感觉自己被挑衅，有压迫感；而注视时长太短，又会让对方以为你对此次谈话没有兴趣。

3）在思考时，眼睛转动的幅度不要过大，以免露出过多眼白，给人翻白眼的感觉，也不要挤眉弄眼，将对方上下打量。

4）与他人交谈时，尽量把目光局限于对方眼睛到嘴巴这个三角区内。

5）坚持锻炼眼部肌肉，练习自己的眼神，观察自己能否依靠眼神准确地传达心中的想法。

（2）笑容。"诚招天下客，客从笑中来。"笑容是表情中最能传递愉悦、增加友好沟通交流的表情，素昧平生的人都可以把它作为沟通的媒介。在日常交往中，常常用以下几种笑容来辅助沟通、传递信息。

1）微笑。在面部自然放松的状态下，微微提起嘴角，让善意与尊重从眼神中流淌出来，为深入沟通打造温暖和谐的氛围。在商务交往中，微笑与有声语言是积极配合、互帮互助的"好朋友"。平日可以反复对镜练习，也可以将一根洁净、光滑无毛刺的圆柱形筷子含在上下唇之间辅助练习。

2）轻笑。在面部自然放松的状态下，轻启嘴唇微露牙齿，加深眼神中的笑意。平素练习时，依然可以对着镜子，想象自己在与人愉快地会谈。

3）大笑。开怀大笑，能够令人心情愉悦。女性在笑时建议用手遮挡自己的嘴巴，避免引起尴尬。

（3）手势。手势是一种非常富有表现力的"体态语言"，它不但可以对有声语言起到加强解释和辅助说明的作用，还可以传递一些有声语言无法表达的情绪。做手势时，右手或双手五指并拢，掌心斜向上45度，手腕伸直，手肘自然弯曲，腋下悬空，手势需与面部表情和礼貌用语相结合，流畅自然地传递对对方的礼貌与尊重。常见的手势见表1–13。

表1–13　　　　　　　　　　　常见的手势

类型	说明
 基础手势	基础手势又叫横摆式手势。右手从横膈膜处向身体右前方打开，身体微微前倾，目光柔和，面带微笑。基础手势表示"请""请进""这边请""里面请"等含义
 曲臂手势	右手手臂自体侧向体前摆动，与身体相距约10厘米，身体微倾，头随手指引的方向转动。这种手势多在与对方迎面相对，又不方便转向时使用，可配合"请""里面请""您要找的地方在前方尽头处"等有声语言使用

续表

类型	说明
双臂手势	双手向体前侧抬起,微曲臂,比肩部略低,掌心向上。这种手势多在面对众人做演讲或做自我介绍时使用,表示"欢迎大家""请听我说""感谢在座的各位"等含义
直臂手势	右手手臂上抬至略高于肩的位置,再指向近处需要指引的位置或物件。当物件或目标在远处时,抬起右手手臂至高于肩的位置,再指向最终目标。这种手势表示"您看,就在那个地方"的含义

做手势时,应有"三到",即"手到""眼到""心到"。眼神需要与手势相统一、相配合,表情要恰到好处地传递内心的尊重与友好。

学习单元 3

商务交往礼仪

在日常商务活动中，人们为了塑造良好的职业形象，提高自己在别人心目中的地位，越来越重视交往的细节，因此了解并掌握商务交往礼仪是非常必要的。

一、称呼礼仪

称呼是指日常交往中，人们彼此之间的称谓语。在商务活动中，对人的称呼需遵循礼貌、亲切、得体的原则，要注意称呼的方式和称呼的禁忌。

1. 称呼的方式

称呼的方式见表1-14。

表1-14　　　　　　　　　　　　称呼的方式

方式	说明	示例
谦称	向他人表达谦虚和自谦的一种方式，最为普遍的运用方式是在他人面前以谦卑的态度自称和称呼与自己有着血缘关系的人或爱人	"愚"，谦称自己不聪明；"鄙"，谦称自己学识浅薄；"敝"，谦称自己或跟自己有关的事物不好；"卑"，谦称自己身份低微。称自己的父母兄嫂为"家严""家慈""家兄""家嫂"等
敬称	与"谦称"相对，是表示尊敬礼貌的称呼。通常被运用于较为规范的社交场合之中，如与师长或身份	对于未婚女性而言，她们通常会被敬称为"小姐"，而对于已婚女性，则会被敬称为"夫人"，这是一种常见的称谓。在对对方的婚姻状况难以

续表

方式	说明	示例
敬称	地位显赫的人谈话、与客户初次相遇、公务场合（包括但不限于会议和谈判等）	做出明确判断时，可以使用"女士"或"小姐"等敬称。对于男性，一般被敬称为"先生"。而当了解到对方的姓名时，也可在姓氏之后使用此类称谓，如"张先生""李女士""王小姐"等
一般性称呼	普通场合可以姓名直接称呼平辈的同事、朋友和熟人，夫妻之间、长辈对晚辈、老师对学生、上级对下级等也可使用一般性称呼。关系较亲密可不称姓而直呼名	"刘学超"，如关系较为亲密，可去掉姓氏直接称呼对方的名字"学超"
亲属性称呼	在血缘相近的同姓本族和异姓外族中，亲属性称呼均被视为血缘关系的一部分。在各种人际关系中，亲属性称呼是汉语称谓的一项重要特色，其广泛应用于人际关系中	"姐姐""弟弟""伯伯""叔叔""奶奶"等
职业性称呼	在职场中，有时可以根据对方所从事的职业来进行尊称	"老师""医生""律师"等；也可以在职业前加上姓氏或姓名，如"张老师""李明医生"等
职务性称呼	在职场中，较为普遍的称呼方式是以对方所担任的职务为特征，以表现出对对方的尊重和崇敬	"主任""经理""校长"；还可将姓氏加于职位前，如"宋主任""刘经理""金校长"；在极正式情况下也可在职位前加姓名，如"宋金龙董事长"
职称性称呼	对于那些拥有职称的人，可以直接以他们的职称来表示他们的身份。在较为正式的场合中，通常会使用姓氏作为职称前的补充信息	"教授""李工程师"等。对于那些在职称中担任副职的人，在称呼时应当避免使用"副"字，如直接使用"张教授"来代替"张副教授"这一称谓

2. 称呼的禁忌

称呼时应遵守礼仪规范，照顾对方个人习惯，同时需回避以下几种错误做法。

（1）使用错误的称呼。常见于因粗心大意而造成的误读、误写、误称。例如："陈先生"读成了"程先生"，"章女士"写成了"张女士"等。

（2）使用过时的称呼。将旧时的称呼用在了现代生活里，例如称官员为"老爷""大人"等。

（3）使用不通行的称呼。在正式场合，应少用地方性称呼或不通行的称呼。如北京人习惯称他人为"师傅"，但在南方人听来，易与出家人"师父"混淆。

（4）使用不当的称呼。在正式场合，不能称兄道弟，如"哥们""伙计"等。

（5）根本不用称呼。例如有些人向别人问路时省去称呼，"喂，地铁站在哪儿?"

这样的问话未必会得到别人的回答。应使用正确的问话方式:"先生您好,请问一下地铁站在哪儿?"

(6)使用引起他人误解的称呼。避免使用令人误解的称呼,如对方姓王,交谈称呼时就不要说:"你是老王吧(八)?"若对方姓刘,也要避免开口就问:"老刘忙(流氓)吗?"

(7)使用绰号称呼。称呼别人的绰号是对别人很不尊重的一种表现,尤其不能称呼体现别人弱点和身体瑕疵的绰号。

二、介绍礼仪

介绍是指主动沟通,使双方或多方建立关系,缩短人们之间的距离,以便于更多、更深入地了解。商务场合中常用的介绍有自我介绍、介绍他人和集体介绍。

1. 自我介绍

以主动的姿态向他人介绍自身,或因他人的需求而对自身状况进行一定程度的阐述。需注意以下几个方面:

(1)时间力求简短。一般以半分钟左右为佳,不要超过一分钟,也可以运用名片、介绍信等辅助工具。

(2)内容真实完整。自我介绍内容包含四要素:姓名、单位、部门、职位。根据不同的场合,大致可以分为4种类型(见表1-15)。

表1-15　　　　　　　　　　　　自我介绍的类型

类型	说明	示例
应酬型	是一种适用于一般人际交往,为有效地促进人际关系的建立和发展所需进行的简要介绍	"您好,我的名字叫××。" "您好,我是××。"
沟通型	沟通型应用在一般人际交往中,本意是谋求和对方进行沟通或者交往,其内容可包括自己的姓名、所在单位、籍贯和爱好	"您好!我叫×××,浙江人。现在在一家银行工作,您喜欢看足球吧,我也是一个足球迷。"
工作型	以工作为中心而会友,重点集中在姓名、单位以及工作的具体性质	"女士们、先生们,大家好!很高兴有机会把我介绍给大家。我叫×××,是××公司的业务经理,专门营销电器,有可能的话,我愿意为在场的各位效劳。"

续表

类型	说明	示例
礼仪型	出于礼貌而不得不做的自我介绍,适用于正式而隆重的场合,其内容既要包含必不可少的要素,又要添加友好、谦恭的语句	"大家好!在今天这样一个难得的机会中,请允许我做一下自我介绍。我叫×××,来自杭州××公司,是公司的公关部经理,今天是我第一次来到西双版纳,这里美丽的风光深深吸引了我,我很愿意在这多待几天,很荣幸结识在座的各位朋友,谢谢!"

（3）态度诚恳自然。落落大方、彬彬有礼地自我介绍,不虚张声势,不轻浮夸张,亦不矫揉造作,友善、亲切、随和的态度,一定能给人留下深刻良好的第一印象。

2. 介绍他人

在双方都有意愿相识的前提下,应当遵循介绍的规则,介绍彼此的姓名、工作单位,并兼顾介绍的礼节为双方找一些共同的话题,例如共同的兴趣爱好或彼此愿意探讨的事情等。

（1）介绍的规则。在商务场合为他人做介绍时,需要遵循介绍的规则,避免失礼。介绍的规则见表1-16。

表1-16　　　　　　　　　　　　介绍的规则

类型	说明
把男士介绍给女士	在介绍男士和女士时,需要考虑到他们的年龄和特点,为了确保女士享有优先知情权,应引导男士走到女士面前进行介绍。例如:"王小姐,我为您介绍一下,这位是某公司的李××先生。我记得没错的话,两位都很喜欢摄影哦。"
把职位低者介绍给职位高者	一般以社会地位和职位高低作为衡量标准,把社会地位和职位低者介绍给社会地位和职位高者
把晚辈介绍给长辈	在引见同性别的人们认识时,要向年长者引见年轻者,以表达对年长者的尊重
把未婚者介绍给已婚者	一般情况下,应把未婚者介绍给已婚者。但如果未婚者年长于已婚者,则应优先考虑对年长者的尊重而把已婚者介绍给未婚者
把主人介绍给客人	当主客双方地位相当的时候,为了表达对客人的尊重,要先把主人引见给客人
将后到者先介绍给先到者	客人到达的时间有先后。主人在为客人做介绍时,要先将后到的客人介绍给先到的客人

（2）介绍的礼节。介绍人在介绍时要有开场白,如:"请让我为你们介绍一下……"或"很高兴为两位做一个相互介绍。"在为他人做介绍时,无论是介绍哪一

方，都需要具备相应的技巧和能力，且有辅助的手势，手掌心向上，四指并拢，拇指张开，指向被介绍的一方，同时向另一方点头微笑，便于对方听得更加清楚。需要时可以说明被介绍的一方与自己的关系，以便新结识的朋友之间增进了解和信任。作为被介绍的双方，应当表现出结识对方的热情，除在会谈进行中或宴会等场合需欠身致意外，其他场合一般都应站起来，面朝对方。介绍人介绍完毕后，被介绍双方应微笑握手寒暄，如"很高兴认识你""请多关照"等，如需要亦可互换名片。

3. 集体介绍

若被介绍的双方人数众多或其中一方人数众多，应根据具体情况采用不同的应对措施。

（1）把个人的情况介绍给众人。适用于大型活动中，将被介绍者向身份高者、年长者及特邀嘉宾做介绍，介绍完之后，各位嘉宾都能亲自认识这位被介绍者。

（2）将众人介绍给个人。适用于想在非正式社交活动中结识更多自己崇敬对象的年轻人，也适用于渴望满足自己社会交往需要的位低者，请他人将年长者、身份高者介绍给自己。另外，同样适用于领导者对劳动模范和有突出贡献的人进行接见这种正式的社交场合，还适用于处于平等地位的两个交往集体之间的相互介绍或开大会时主席台就座人员的介绍。将众人介绍给个人的基本顺序有两种：一是按照座次或队次进行介绍，二是按照身份的高低顺序进行介绍。为避免使人产生厚此薄彼的感觉，影响情绪，应遵循介绍顺序，不要随意介绍。

（3）人数较多的双方介绍。在商业活动中双方皆有众多人参与的情况下，应优先考虑将地位较低的一方向另一方介绍，或先将主方介绍给客方。在介绍双方人员时，必须按照身份从高到低的顺序进行。

（4）人数较多的多方介绍。当有着来自多方的被介绍者时，应确定各方社会地位的高低，按由尊到卑的顺序介绍各方。如果需要介绍各方的成员，也应按由尊到卑的顺序依次介绍。

三、握手礼仪

握手礼仪是世界上用以表示欢迎、慰问、感激、祝贺、告别时最常用的一种礼节。在进行握手时，需特别留意握手的方法、顺序以及相关禁忌，以确保交流顺利进行。

1. 握手的方法

步行至与对方约一米之处，双腿站直，身体稍稍前倾，右手伸出，并拢四指，拇指张开与对方相握后,进行3~4次轻微的上下晃动,直至松手。握手时请留意以下几个要点。

(1)神态。面带笑容,举止热情自然,以友好之心向对方致以问候。握手时如若漫不经心、傲慢冷淡、敷衍了事,或是边握手边东张西望,是极不礼貌的。

(2)姿势。行握手礼时,如无特殊原因,都需起身站立。握手时双方身体轻微前倾,向对方靠拢,但要保持一定距离,因为若相距太近会显得不自然,太远的话又容易让人有受冷落的感觉。

(3)手位。常见握手手位见表1-17。

表1-17　　　　　　　　　　　常见握手手位

类型	说明		注意事项
单手相握:在人际交往中,与人右手单手相握是最为常见的一种握手姿势。握手时,手掌与地面尽量垂直,这种姿势被称为"平等式握手",展现出自信从容的姿态,既不卑躬屈膝,也不过度张扬	女士与女士握手时,握住对方的四指,彼此的虎口处留些空隙		在与他人握手时,切忌将手掌朝下,避免给人一种自高自大、压制他人的感觉
	女士与男士握手时,男士握住女士的四指,虎口处接触女士的食指指根,女士虎口处可留空隙		
	男士与男士握手时,虎口相交而握		
双手相握:右手握着对方右手之后,紧接着以左手握着对方右手的手背	一般适用于亲朋故友之间的情感交流,以表达内心深处的真挚情感		有时候,这种握手方式也被称为"手套式握手",但对异性或刚认识的人来说并不适用,因为这样容易被误解为迎合或失态

（4）力度。与人握手时，如若毫不用力，会使对方感到缺乏诚意；如若用力过大，又难免有逞强之嫌，所以大致以两千克左右的握力为宜。与亲朋故友握手时，力量可以稍微大一些；而在与异性以及初识者握手时，万不可用力过度。

（5）时间。一般情况下，与人握手的时间以 3~5 秒为宜。

2. 握手的顺序

在商务场合，地位尊者先伸手，职务高者先伸手，主人先伸手。在社交场合，长辈先伸手，女士先伸手。男士与女士握手时，男士应轻握女士四指，如女士无握手之意，则男士需点头致意。在需要与多人握手时，应当遵循先上级再下级、先长辈再晚辈、先女士再男士的原则。在人数众多，无法一一相握的情况下，可仅与少数主要人进行握手，并以点头的方式向其他人示以尊重。

3. 握手的禁忌

（1）避免使用左手与人握手，特别是对于阿拉伯人和印度人，用左手握手会影响社交关系。

（2）在需与多人握手时，应当避免进行交叉握手的行为，而是应该按照一定的顺序进行。

（3）和女士握手不要长握不放，否则会让对方无所适从。

（4）除一些地位较高的女性外，握手时切忌戴手套（装饰性手套除外）、墨镜、帽子。

（5）握手的力度要适当，太重或太轻都易使人感到粗鲁或冷淡，这是失礼的。

（6）握手时左手切忌插在衣袋里。

（7）如非特殊情况，尽量避免拒绝他人的主动握手，若实在不便，如手不干净或潮湿有水的时候，建议以微笑或鞠躬的方式向对方表达歉意。

（8）初次见面忌用双手与人握手。

四、名片礼仪

名片是人们社交活动的重要联系工具，是个人身份的象征，承载着个人信息，也担负着保持联系的重任。因此名片的递送、接受、索要均需讲究礼仪。

名片的作用见表 1-18。

表 1-18　　　　　　　　　　　　名片的作用

类型	说明
介绍自己	在初次交往中，除了口头自我介绍之外，名片也可作为一种辅助的介绍工具，既节省时间，又强化效果
结交他人	在人际交往中，向初次相识的人主动呈递名片，意味着建立互信、友好的关系，隐含着"结交朋友"的含义。通常情况下，对方会遵循"礼尚往来"的礼仪，以此作为双方相识、交往的开始
保持联系	根据名片上的联络方式，可与对方取得并保持联系，促进交往
通报变更	商务人员如果变换了单位、调整了职务、改动了电话号码或者变更住址后，为避免联系上的失误，建议重做自己的名片，并将其递交给经常交往的对象，及时把本人的最新情况通报给对方
代替拜访	在表达对他人的祝贺、慰问或吊唁时，若无法前往目的地，亦可赠送鲜花或礼品，并附上一张名片以示身份。未能与他人相遇，倍感遗憾时，也可以留下名片和简短附言，以示尊重

1. 交换名片的顺序

商务场合，地位低的人应先把名片递给地位高的人，客人先递给主人。与多人交换名片时，应遵循职位等级的先后顺序，请勿采用跳跃式的方式递送，相同职级的应从近到远逐步递送。

2. 名片的递送

把名片正对对方，正面朝上，双手拇指和食指夹在名片上，剩余手指托在名片反面，同时身体稍向前倾，微笑着以双眼注视对方，说"请多多赐教""请您指教"。如果自己的名字中出现了不常被使用的字，建议把这个字念出来，以方便对方正确称呼。

3. 名片的接受

遇到对方递送名片时，应当微笑着起身站立，以"认识您非常荣幸"的措辞礼貌回复对方。接过名片一定要读一遍以示敬意，同时也能知道对方的具体身份，最后将名片收好，不要随便摆弄，更不能把名片任意丢置在桌子上。接受名片后要回敬给对方一张，如果没有带或者用完了，应向对方致歉，如"很抱歉，今天没有带"等。

4. 索要名片方法

在商务交往中尽量不索要名片，若有必要索要名片，较恰当的方法有表 1-19 中的几种。

表 1-19　　　　　　　　　索要名片方法

类型	说明	示例
交易法	最常用的方法，"将欲取之，必先予之"	先将自己的名片递予对方，并说"请多指教"
激将法	商务交往中，由于地位的落差，一些地位高的、有身份的人在接到名片时，往往会说声"谢谢"之后就没下文了，出现这种情况时，不妨采用激将法	先把自己的名片给对方，并说："尊敬的张总，很高兴认识您，不知道能不能有幸跟您交换一下名片？"
联络法	暗示对方自己该如何才能找到他。如果对方不愿意给，则可能会说："我跟你联系吧！"在这种情况下就不要再强求了	"刘先生，认识你非常高兴，以后到杭州来希望还能够见到你，不知道怎么跟你联络比较方便？"
谦恭法	适用对象主要是上级、长辈、名人等地位比自己高的人	"陈教授，听您的讲座真是受益匪浅，不知道以后如何向您请教？"

5. 名片使用的注意事项

在参加商务活动时，要随时准备好经过精心设计且能够艺术地表现自己的身份、品位和企业形象的名片，同时还须注意以下几点。

（1）随身携带的名片须使用专用的名片夹。

（2）公文包或办公室抽屉需常备名片，以便随时取用。

（3）接过他人名片看过后，应将其存放在自己的名片夹或上衣口袋内。

（4）收到的名片应及时分类整理收藏，不可随意夹在书刊文件中。

（5）名片不得随意涂改，不建议提供私宅电话，以保护个人隐私。

（6）名片上一般只提供 1~2 个头衔，如头衔过多，会给人炫耀、自负的感觉。

五、电话礼仪

在商务交往中，电话是最为常见、便捷的联系手段。人们在通话过程中的语音、语调、内容、表情、态度、时长等多个方面的综合表现，不仅展现了个人的素质，也彰显了企业的形象。如何合乎礼仪规范地接打电话，是商务人员的必修课程。

1. 准备工作

在拨打或接听电话前，需做好以下几点。

（1）准备好纸和笔，以便随时记录。

（2）停止一切不必要的动作，如：喝水、吃零食、抽烟、与旁人闲聊等，避免打电话说话含混不清。

（3）使用正确的姿势来接听电话：双脚自然垂放于地面，坐在椅子的前三分之二处，上身自然挺拔，避免含胸驼背。

（4）面带微笑，让对方透过声音感受到热情。

2. 拨打电话的礼仪

拨打电话需注意：

（1）避开对方的休息时间。一般在对方工作时间内拨打电话，除非情况特殊，否则应尽量避免在早上7点前、晚上9点后或用餐时间、节假日等私人时间给对方打电话。

（2）提前准备。准备好相关资料，可在纸上列出相关的时间、数量、价格等信息，尽量避免因遗漏而重新打电话给对方，打断对方工作。

（3）礼貌的第一声。以清晰、明快的声音向对方问候"您好"。讲话过程中声音应富有感情，声调平和，语言流利，吐字清晰。

（4）及时表明身份。问好后，向对方道出自己的身份或所属组织的名称。知晓对方名字或身份后，要合理称呼对方。

（5）控制通话时长。除了需要反复解释和强调的重要问题外，通常需要有意识地言简意赅，以确保通话的准确性和高效性，尽可能贯彻商务人员的"3分钟打电话原则"。

（6）给对方思考的时间。打电话时，不要自说自话，要给对方考虑、反应的时间。

（7）礼貌地结束通话。电话结束时，应适当寒暄几句，如"谢谢""再见"等，同时也要注意挂电话的顺序，如：等待上级先挂电话，等待客户先挂电话，男士等待女士先挂电话等，加深对方对你的良好印象。

3. 接听电话的礼仪

（1）及时、礼貌地接听。一般情况下，铃响三声前需接起电话。如果确实很忙，可表示歉意："实在对不起，我这里有一些突发情况，我过10分钟回拨给您，好吗？"

（2）接听电话后的第一句话的常见形式见表1-20。

表1-20　　　　　　　　接听电话后的第一句话的常见形式

形式	说明	示例
问候+单位+部门+姓名	最为正式	"您好！绿城公司销售部刘×。请讲。"
问候+单位+部门	适用于一般场合或总机接转	"您好！绿城公司销售部。请讲。""您好！办公室。请讲。"
问候+姓名	适用于普通人际交往	"您好！王×。请讲。"

（3）全神贯注地聆听，积极地做出回应。在接听电话时，应当全神贯注地倾听对方的言语，并保持回应，如"是""对""好""请讲""不客气"等，让对方感到你是在认真听。

（4）清楚记录。重复电话中的要点，并利用when（何时）、who（何人）、where（何地）、what（何事）、why（为什么）、how（如何进行）这个"5W1H"技巧将其清楚记录下来。

（5）友善对待打错的电话。在接到打错电话的情况下，应立即以亲切的口吻向对方传达信息。恰当的处理可以提升组织的形象。

（6）代接电话。工作场合接听来电，有时需要接听电话的人不在，首先要告知来电者这一情况，确认对方需要代为转达后，才可询问对方姓名、电话、单位名称等信息。将对方要求转达的内容做好笔录，并在对方讲完后重复验证一遍，记录内容包括来电者姓名、单位、要点、来电时间、是否需要回电、希望回电时间、回电号码等，留言需及时转告给指定受话人。在未掌握对方来电的意图之前，不得随意泄露指定受话人的行踪或其他个人信息，如手机号码等。

（7）礼貌挂断电话。由上级、长辈先挂；双方职级相当时，一般由主叫方先挂。确定对方已经挂断电话后，再轻轻地挂上电话。

4. 手机使用注意事项

在日常生活中，对手机的使用需注意以下几点。

（1）放置的位置。要求既方便使用，又合乎礼仪，如：随身携带的公文包内，上衣内袋中。

（2）使用的时机。商务活动中，首选用办公室座机进行联系，找不到对方时再拨手机。在手机接通后，应询问对方是否方便通话，说话需简洁明了。

（3）保护隐私。随着手机的功能愈发强大，有关手机安全的问题也日益严重，比如手机病毒、手机丢失等都会使手机处于意外状态。因此，在手机里不要存储隐私性的资料，时常清理手机里临时存储的信息、音频、视频、图片等，不随意接听或使用别人的手机。

（4）公共场合文明使用手机。不得旁若无人大声打电话，影响他人，或泄露机密。在要求"保持安静"的场所，如音乐厅、美术馆等，应将手机调成静音模式。

（5）适时关闭手机。避免在加油站、面粉厂、油库、飞机上，以及医院特殊场所内使用手机，以免带来危险。

（6）慎用手机拍照。在涉及隐私和机密的场所，如银行、企业内部等，尽量不使用手机拍照功能。如果所拍对象涉及其他人，应该先征询意见，获得同意后方可拍照。

六、电子邮件礼仪

电子邮件是利用互联网向交往对象发出的电子信件。商务人员利用企业邮箱发送邮件时,相较于发送私人信件而言,更应注意相关礼仪。

1. 主题

电子邮件的主题也称标题,应简短,但不可空白,要能反映邮件的内容和重要性。商务邮件一封信尽可能只针对一个主题,可适当使用大写字母或特殊符号来突出标题,但应适度。回复对方邮件时,可根据回复内容更改标题。

2. 称呼与问候

邮件的开头要称呼收件人,既礼貌,又明确提醒收件人此邮件是面向他的,要求其给出必要的回应。在清楚对方职务时,按职务尊称对方,如"唐经理";不清楚职务时,通常以"×先生""×女士"称呼,注意不可混淆性别。如遇多个收件人的情况,可称呼"大家"。邮件的开头、结尾要有问候语,如"您好""祝您顺利"等。

3. 正文

行文通顺,简明扼要,如果事情复杂,可进行分点说明。

4. 附件

如果邮件带有附件,附件应按有意义的名字命名,并在正文里对附件内容以及打开方式做简要说明。附件数目不宜超过4个,数目较多时应打包压缩成一个文件。如附件过大,可分成几个小文件分别发送。

5. 语言选择

尊重对方的习惯,如对方发送的是中文邮件,则以中文回复,如对方发送的是英文邮件,则以英文回复。如果收件人是其他国家的华人,为避免中文邮件在其他地区可能显示乱码的情况,建议使用英文邮件交流。

七、言谈礼仪

言谈,是人们在人际交往中运用语言形成的一种快速交流信息、直接表达思想的沟通方式。若想在商务活动中获得良好的沟通效果,必须掌握言谈礼仪。

1. 言谈的常见类型

言谈的常见类型见表1-21。

表1-21　　言谈的常见类型

类型	说明	适用场景
单向言谈	按照事先准备的讲稿，或依照讲话的目的要求，在一定的范围发表有条理、有层次、不交流、不讨论、不停顿的讲话	发表讲话、布置工作、进行演讲等
双向言谈	根据对象、场合和交谈进程，不断调整言谈内容，使交谈不断推进和深入	询问情况、回答问题、交流看法、进行谈判、会客寒暄等
正式言谈	正式场合涉及公务内容的言谈，要求庄重、严肃	党政机关会议等
非正式言谈	一些非正式场合的言谈	熟人交谈、会客时的寒暄等
直接言谈	在同一场所进行面对面的交谈，需注重仪表与听者的反应	采访、咨询等
间接言谈	通过媒介进行的非面对面的言谈	电话、短信、邮件等

2. 言谈的礼节要求

商务活动中，言谈态度是否真诚、内容是否适宜、表达是否得体、倾听是否专注，以及对敬语、谦语的运用，都能体现个人的礼仪修养。

（1）态度真诚。正式场合中，言谈的态度有时会比言谈的内容更加受到对方的关注。商务活动中的言谈，语态需亲切友善、恭敬有礼、不卑不亢，不可敷衍了事或者态度乖张，亦不可显得卑躬屈膝、曲意迎合，同时还应当避免轻佻的表情、动作、语言。

（2）内容适宜。避免将因风俗习惯、政治信仰不同而出现的敏感话题作为言谈内容。凡涉及对方个人隐私的问题，都应有意识地回避。例如：对方的收入、女士的年龄、婚姻问题等。应避免涉及庸俗的、离奇的、令人反感的事情，亦不可议论领导、同事，搬弄是非。

（3）表达得体。言谈中用最恰当的言辞和口吻以及适中的音量表达自己的意思，就是得体。商务活动中，需根据场合、对象、内容的不同，对自己的言谈进行适当调整。做到语速快慢适中、舒张有度，语言清晰易懂、有条不紊，音量既要让对方听清楚，又不能过大而给对方造成压力。

（4）善于倾听。在倾听的过程中，需要做到耳到、眼到、心到，表情随谈话内容有相应的变化。目光关注谈话对象，但也不能长时间盯着对方眼睛；及时回答对方提问，不时地通过"是的""对呀""这样吗"等短语让对方知道你在听。左顾右盼、东张西望、漫不经心等会影响对方谈话兴趣、打消言谈热情的行为都是不礼貌、不可取的。

（5）敬语、谦语的使用。敬语是表示尊敬的词语，特点是彬彬有礼，热情庄重，如：您、先生、女士、夫人、令尊、请教、您贵姓等。谦语是表示友善和谦逊的词语，特点是委婉含蓄、谦虚低调，如：在下、犬子、愿意效劳等。除此之外，还有一些道歉用的文明用语，如：非常惭愧、多多包涵、失礼了等。

八、空间礼仪

人际交往中，人与人需要保持一定的空间距离，才能让彼此感觉到心安。空间距离是一种特殊的无声语言，当空间距离被触犯，人们可能会感觉到不舒服、恐惧、愤怒。因此空间礼仪就显得尤为重要。

1. 空间距离的分类

根据交往双方的关系与场合，以及交往性质的不同，把人与人的空间距离分为表 1-22 中的几种。

表 1-22　　　　　　　　　　空间距离的类型

类型	说明	适用范围
亲密距离	15 厘米内，亲密无间	家庭成员、恋人
	15～50 厘米，相互用手可以触摸到对方	兄弟姐妹、闺蜜、至交好友
熟人距离	0.5～1.2 米，双方伸直手腕可以触碰到	熟人、朋友
社交距离	1.2～2.1 米，一般工作场合和公共场所	同事、合作伙伴
	2.1～3.6 米，更加正式的交往关系	谈判、会晤、招聘面谈等
公众距离	3.6～7.5 米，人际沟通减少，很难直接交谈	演讲、作报告等，需以手势、表情、动作等辅助

2. 影响交往空间距离的因素

商务交往中，空间距离具有一定的伸缩性，主要受以下因素的影响。

（1）文化背景、民族差异。不同国家的人对空间距离的要求是不一样的，比如中国人会希望空间距离相对较大，而法国人则喜欢较近的距离。

（2）性别差异。女性较男性而言，面对不熟的人，更希望空间距离大一些；而面对熟悉的人，则空间距离可缩小。

（3）社会地位差异。位高者有时为了维护自己的权威感，会倾向于与下属保持稍远的距离。

（4）年纪差异。年长者在与年轻者交往中，一般都愿意拉近距离，因此与长辈或老师相处时，可以站在他们的身旁聆听教诲。同龄年轻人交往时，更愿意距离稍远一些。

（5）性格差异。性格外向的人相较于性格内向的人在交往时更喜欢稍近些的距离。

（6）环境差异。在空旷的广场，如果一个陌生人离自己很近，会让人感觉紧张、压迫，但在拥挤的地铁里则不会有这种感觉。

（7）情绪波动。高兴、兴奋时，可接受较小的空间距离；生气、愤怒时，空间距离需要增大。

九、鞠躬礼仪

鞠躬是一种向他人表示敬佩、尊重、谢意、致歉等方面的礼节。

1. 方法

面向受礼者，距离两三步远，男士用直立式站姿，女士用前腹式站姿，脚跟靠拢，双脚尖微开，目视对方，面带微笑；腰为轴，背、颈、头呈一条直线，上身前倾，视线自然下垂；身体前倾，停留两秒后还原，再次目视对方。行礼时，可根据情况说相应的表示欢迎、感谢、告别的话。

2. 幅度

一般根据场合或受礼者而定：15度左右的鞠躬礼适用于平常问候、一般应酬时；30~45度的鞠躬礼适用于晚辈向长辈、学生向老师、下级向上级，或者是迎送客时行礼；90度的鞠躬礼属于大礼，多用于悔过、致谢、婚礼、悼念等特殊场合。

3. 注意事项

行鞠躬礼时须脱帽；不可边鞠躬边看对方；不能嚼东西或抽烟；行礼前和礼毕后，都需礼貌注视对方，视线不可游移。

十、其他交往礼仪

在商务交往过程中还有很多其他的交往礼仪（见表1-23），商务人员也需要对它们有一个基本的了解。

表 1-23　　　　　　　　　　　　其他交往礼仪

类型	说明
微笑礼	提颧肌，嘴角上扬，不露牙齿或露出上排 6 颗左右牙齿，配合柔和的目光，根据情况可伴随些许问候。商务活动中，微笑礼给人亲切温暖的感觉
颔首礼	与对方目光接触时，面带微笑，小幅度地点一下头，以示向对方致意。行礼时应取下帽子
举手礼	全身直立，目视对方，面带微笑，手臂自下而上向侧上方伸出，手臂可略弯曲，亦可伸直，掌心向外，五指并拢，略弯曲，指尖朝上，轻轻横摆即可
拱手礼	常用于相见、感谢或祝贺时。双腿站直，上身直立或微俯，一般情况为男子右手握空拳，左手合抱右手（女子则相反），两手合抱于胸前，有节奏地晃动两三下，并微笑着寒暄，如"恭喜恭喜""久仰久仰""节日快乐"等
抱拳礼	习武之人多行抱拳礼，双脚并步站立，头正身直，目视受礼者，面容自然大方，右手握拳，拇指在外，拳眼向内斜对胸口；左手四指并拢伸直成掌，大拇指曲于掌内，掌心贴在右拳面上；行礼时，曲臂成圆，向外推至距胸 30 厘米左右
吻手礼	在欧美国家，吻手礼是一种常见的礼仪。当男士走到已婚女士的面前时，他以庄重的姿态向她致意，然后用右手或双手轻轻托起女士的右手，俯首用微闭的嘴唇象征性地轻吻一下女士的指背部分
拥抱礼	分为非正式和正式两种 迎接久别的亲人或亲密的朋友，熟人之间为了表示友好，常常会礼节性地抱一下，恋人或夫妻之间也常常会拥抱，这类拥抱没有严格的规定，属非正式的拥抱礼节 在正式的社交场合，行拥抱礼十分讲究。一般两人相对而立，相距约 20 厘米，各自的右手环抚对方的左后肩，左手环抚对方的右后腰；彼此头部和上身各向左倾相互拥抱，然后向右倾相互拥抱，最后再次向左倾相互拥抱，礼毕
脱帽礼	在西方社会，男士常用脱帽礼来向熟人打招呼、致歉、致谢等。在很多庄重的场合，男士的帽子是需要取下来的，如与长者、女士交谈，奏唱国歌，参加葬礼等
合十礼	为各国佛教徒日常礼仪。两只手掌心相对，于胸前合拢，掌尖与鼻尖几乎平齐，头部微微前倾，勿摇晃。在商业交往中，当对方以合十礼表达敬意时，同样应当以合十礼进行回应

培训任务 2

商务拜访

在商务交往中,需要对一些重要的客户采用亲自上门拜访的方式,邀请其出席某项活动,或是邀请来做客。商务拜访具体是指亲自或派人去拜会业务关联单位的人员的活动。人与人之间、社会组织之间、个人与企业之间都少不了这种拜访。商务人员必须懂得商务拜访的相关礼仪规范,以便顺利完成拜访任务。

学习单元 1

公司拜访礼仪

一、拜访前的礼仪

1. 提前预约拜访时间

拜访前预约是商务拜访最基本的礼貌准则。在商务交往中，没有预约的贸然拜访是很失礼的表现。一般应至少提前一周通过电话、邮件等方式向客户进行预约。拜访时间应根据客户的时间灵活安排。预约成功后，临近会面日期可再次向客户进行核实确定，以避免客户有临时性的工作安排而发生变化，同时也对客户进行了提醒，这样既能体现出对客户的尊重，也能体现对拜访活动的重视，先给客户留下较好的印象。

到公司拜访的时间最好约定在星期二到星期五之间的工作日。拜访时间应该以不打扰对方正常工作为原则，要避开客户刚上班和临近下班的时间、客户休息时间，除非专门考虑商务宴请，否则还应尽量避开就餐时间。一般情况下，上午9—10点、下午3—4点为最适宜的时间。

若是重要的商务拜访，可以在预约拜访时间的同时确定拜访时长，以便客户提前做好工作安排，尽量避免没有提前沟通而单方面地延长拜访时间的情况发生。

2. 备齐会见用资料

商务拜访的时间不宜过长，所以在会面前需要做充分的准备工作，以提高拜访活动的效率。如果准备不充分，工作能力和效率势必会被客户质疑。在会见之前做好充分准备，才能在客户面前表现自若。

在拜访客户之前，可从物质和能力两方面着手准备。

（1）物质准备。备齐会见所需要的纸质材料，如关于企业、产品、项目的简介、方案、手册等；备齐在会面中所需要的名片，检查名片是否整洁；根据拜访活动的需要，准备具有企业特色的礼品或者纪念品。

（2）能力准备。包括熟悉拜访地周围的交通，以便合理安排时间；熟悉所拜访客户的业务、产品、项目等；明确拜访目的，找准拜访沟通的切入点，反复推演拜访中的交谈情景，也可根据客户的喜好准备轻松话题以供在休息时段交谈；考察好周边的餐饮情况，提前做好功课，如果拜访活动恰遇饭点，可主动邀请客户共同进餐。

3. 塑造良好的个人形象

商务拜访中，个人形象至关重要，而且关乎企业形象。因此，应注重仪容仪表的修饰，表现出良好的个人礼仪素养和企业精神风貌。

4. 守时践约

诚信是商务活动中最基本的品质，守时践约是也是商务拜访中的最基本的职业规范。与客户见面最忌讳的事情之一就是迟到，所以务必要按照约定准时赴约。拜访当日，最好是提前5分钟到达拜访地点。抵达的时间不宜太早，否则会让对方有被打扰和被催促的感觉，更不能临时随意更改时间，除非是客户实际情况所需。

二、拜访中的礼仪

1. 交谈谦恭有礼

在商务拜访中，谦恭有礼、精练高效的谈话技巧是商务人员拓展业务的优势。在日常工作和生活中应该多练习交谈的技巧。与客户交谈时，应自觉遵守交谈的规则和要求，以礼待人、以情动人、以理服人，尽量做到态度诚恳、神态专注、用语文明。

2. 举止端庄大方

端庄大方的行为举止既能体现个人的道德修养、文化水平，也是一个团队的精神风貌，乃至一个企业的整体形象的呈现。掌握规范的举止礼仪，会给客户留下很好的第一印象。拜访者在客户办公室应礼貌就座，不能随意走动，更不能翻动客户办公桌上的资料或动用客户的计算机。如巧遇客户有其他访客，应该征询客户是否需要另约

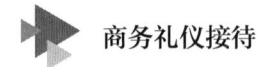

时间。若客户真诚挽留，应该安静入座，不打扰客户和他人的交流。端庄大方的举止，是赢得客户好感、拉近距离的有力"武器"。

3. 沟通精练高效

商务拜访中交谈的内容应该紧密围绕拜访的目的展开，应该清晰、简明、高效。

（1）明确目的，投其所好。初次和客户见面时，在充分准备的前提下，可用精练的话语向对方说明此次拜访的目的，也可以根据对客户的前期了解，投其所好，从对方喜欢的话题引入正题进行交谈，争取在最短的时间内激起对方的兴趣，留下良好的印象。

（2）抓住时机，适时展现。作为拜访者，应该提前做好功课，在交谈中抓住时机将自己所准备的资料和想法在客户面前进行精准高效的呈现，赢得客户更多的关注。当然在展示的过程需要把握好尺度，避免令客户产生拜访者狂妄自大的感觉。

（3）认真倾听，及时回应。交谈内容要集中于正题，尽量少说或不说废话。在对方讲话时，应体势前倾，目光专注，认真聆听，并注意对方情绪的变化，根据对方谈话的内容适时而恰当地做出反应，切忌当场争辩、插话而打断对方。

4. 把握交谈时长

拜访客户的时候，不能因为停留时间过长而影响对方的安排，打乱对方的工作节奏。应当具备良好的时间观念，严格控制在对方办公室停留的时间。初次拜访一定守时践约，将拜访时间控制在15~30分钟；通常最长的拜访时间也不应该超过两个小时。

三、礼貌道别

商务拜访必须做到善始善终。在告别环节，应该把握以下两点。

1. 适时告别

在商务拜访中，如果客户出现频繁看手表、接电话或左顾右盼等行为，暗示着拜访应该接近尾声了，拜访者应主动提出结束拜访，可为进一步沟通再约时间。即使客户没有不耐烦的举止，拜访者也应该按照预约的时间适时结束拜访，准时离开（提前5分钟离开最好）。当然，如果客户主动挽留继续交谈，则另当别论。

2. 礼貌致谢

起身告辞时，向客户表示"打扰"之歉意，"招待"之谢意，甚至可以发出来访邀请，给对方留下礼貌的深刻印象，为进一步接触打下基础。出门后，主动伸手与客户握手告别，并说"请留步"，待客户留步后，走几步再回首挥手致意。

学习单元 2

家庭拜访礼仪

一、拜访前的礼仪

1. 预约在先

家庭拜访需要提前预约,避免出现被访者不在家的情况。一般通过电话预约。在预约时需要注意以下几点:自报家门,说明拜访的目的是礼节性拜访还是有事相访;询问何时有空,征得同意后待对方确定时间、地点。通常可采用的语式为:"您好,我是××公司的××。一直以来深得您的关照,恰逢中秋佳节,想过来拜谢一下您,看您什么时候方便!""好的,非常感谢,期待和您的见面!"

家庭拜访注意要避开吃饭和休息(特别是午睡)时间。一般说来,下午四五点或晚上七八点较为恰当,当然最终应以被访者确定的时间为准。

2. 做足准备

家庭拜访是在私人空间,因此拜访者除了需要准备好见面所用的资料外,还要准备有特色的伴手礼。应事先了解对方的喜好,投其所好准备礼物。通常可选择鲜花、水果、地方特产等。如果受访者家有小朋友,还可以准备玩具。

3. 守时践约

按时赴约是人们在交往中最基本的礼仪,具体规范可参考上一学习单元的相关内容。

二、拜访中的礼仪

1. 进门的礼节

一般家庭安装有门铃和"猫眼"。在按门铃时，先按一下，等候屋内的反应，如果屋内无人应答或开门，可再按一次。按住门铃不放，导致铃声持续不停地作响，让人心烦意乱的同时还暗含催促之意，是非常不合礼数的。考虑门上"猫眼"的特性，要从开门者的视觉角度考虑，按完门铃后，可后退一步调整好身体的站位，站在距离"猫眼"一米左右的正前方，这样屋内的主人就能看清拜访者的正脸。切记将眼睛凑到"猫眼"上去窥视屋内的情况，这样的行为极其失礼。如需敲门，使用食指和中指，先敲三下，等待屋内反应，如果屋内没反应，再持续敲三下。万不可使劲捶门，大声喊门，这都是不合乎礼节的。

开门见到主人，礼貌问好，无论认识与否，都应主动打招呼。主动要求换鞋或索要鞋套，避免将尘土带入屋内。如需换鞋，就要确保自己所穿的鞋袜干净、无异味、无破损。如随身带有雨具等，主动询问如何放置，或者主动放在屋外。

2. 屋内要注意的礼节规范

进入屋内，可将所带的礼品双手递交到主人手中。若主人不能迎接，应该询问并搁放到主人指定的地方，尽量靠边放置，不应乱扔、乱放，以免影响屋内行走。

主人让座后，礼貌致谢，轻声落座后注意姿势，不要太过随便，跷二郎腿、双手抱膝、东倒西歪都是不礼貌的行为。主人未允许时不能随便坐下。如果主人是年长者或上级，主人不坐，自己不能先坐。

当主人端上茶来，应起身并欠身致谢，双手捧接。如果主人客厅里没有摆放烟灰缸，说明主人没有吸烟习惯，应尽量克制不吸烟。家中如有老人和小孩，应尽量避免在屋内吸烟。

主人奉上果品，要等年长者或其他客人（如有）动手后，自己再取用。

尊重主人的习惯和隐私。除非主人主动邀请，否则不要到主人客厅以外的其他房间去。未得许可就自行去其他房间乱窜，是非常不礼貌的行为。

在屋内要注意走路轻、动作轻、说话轻。如果确实需要留在主人家中用餐，应遵守基本的餐桌礼仪，座位选择、餐具使用、进餐文明、请菜祝酒等方面都遵从客随主便的原则。用餐中可谈一些轻松的话题，适时对主人的厨艺表示赞赏，对主人的邀请表示感谢。

三、礼貌道别

拜访者一般不宜在主人家待的时间太久,应注意掌握时间。如果主人留餐,用餐完毕至少待半小时再起身告辞,才不为失礼。

离开时,通常都是由主客首先提出,等她(或他)准备动身时,其他人才可以跟着告辞。双方握手作别时,应由客人先伸手,双方互道"再见""多多保重"等道别礼貌用语。

培训任务 3

商务接待

学习单元 1

迎宾与饮食安排

接待工作在商务交往中尤为重要。迎宾待客是商务接待中的重要环节。为了更有效地制订接待计划，应提前获取客人姓名、人数、职务、民族、忌讳等信息，以便安排接待工作。

一、迎宾

迎宾一般遵循对等对应原则，由主方主要人员在客人下榻的酒店迎接客人，另安排迎宾人员提前到客人抵达的机场、车站或码头进行迎接，可准备欢迎横幅。根据客人、迎宾人员人数以及行李件数，恰当安排车辆。车内座位应保持宽敞。如需组成车队，出发前当明确车队行进顺序并告知相关人员，避免出现错位情况。

1. 行李放置

主动帮客人拎行李，尽量做到人与行李同车。如果来宾行李数较多，须有专门的行李车。

2. 乘车礼仪

乘车礼仪是商务接待礼仪的重要组成部分。

（1）乘车位次。应本着尊重为上、安全为上、方便为上、舒适为上的安排原则，将乘车位次安排妥当，以体现对客人的尊重。根据车辆、驾车人的不同，商务接待乘车位次主要有以下几种。

1）双排五座轿车。乘车位次如图3-1所示。专职司机驾车时，由于车辆靠右行驶，右侧靠近马路牙，后排右座上下车安全且方便，为最尊位，这是"安全为上、方便为上"原则的体现；后排左座安全，但上下车略有不便，为次尊位；后排中座既不方便也不舒适，再次之；副驾驶位通常为主方迎宾人员预留，或是坐秘书、警卫、翻译或陪同人员，因此排为最末。但当主方领导驾车的时候，前排副驾驶座与主方领导平起平坐，变成最尊位，这是"尊重为上"原则的体现。其余座位位次则依次降低。

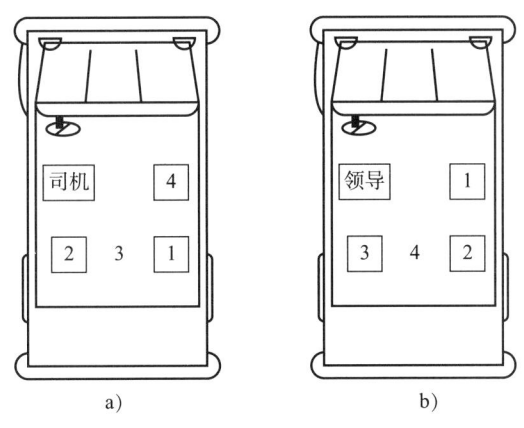

图3-1 双排五座轿车乘车位次
a）专职司机驾车 b）主方领导驾车

2）三排七座商务车。乘车位次与双排五座轿车类似，如图3-2所示。

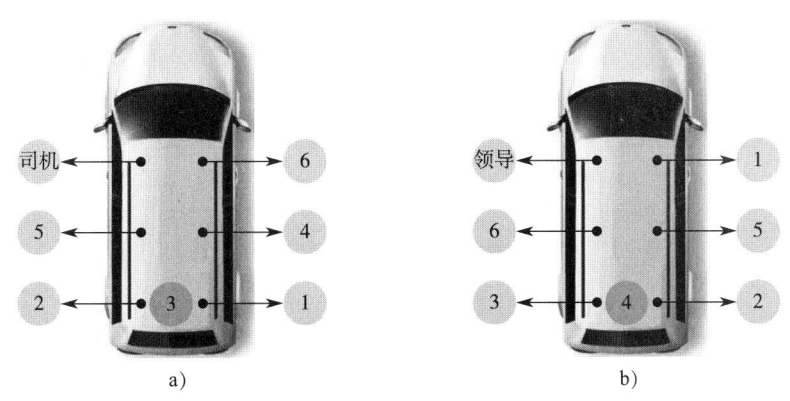

图3-2 三排七座商务车乘车位次（第一种）
a）专职司机驾车 b）主方领导驾车

三排七座商务车还有一种乘车位次也很常见，如图3-3所示，即第二排两个座位的位次比第三排高，第三排座位位次自右往左依次降低，这也是"安全为上、方便为上"原则的体现。

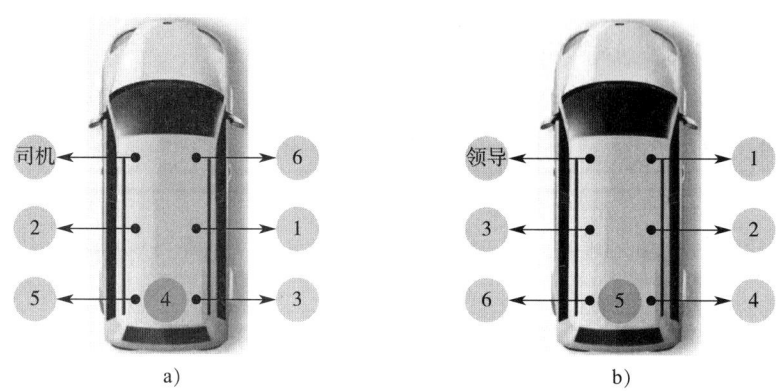

图3-3 三排七座商务车乘车位次（第二种）
a）专职司机驾车 b）主方领导驾车

3）四排及四排以上中型或大型商务车。四排及四排以上中型或大型商务车一般由专职司机驾驶，乘车位次如图3-4所示。

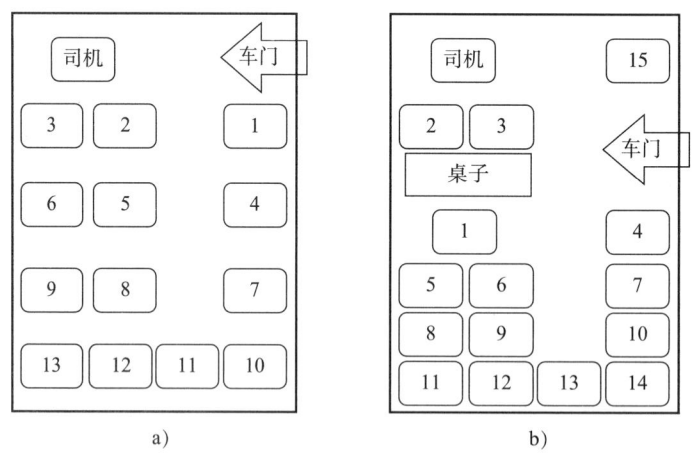

图3-4 四排及四排以上中型或大型商务车乘车位次
a）无副驾驶座 b）有副驾驶座和桌子

（2）上下车礼仪。在商务场合，上下车礼仪既是文明礼貌的体现，也是一种讲究，遵循的核心原则是优先考虑客人的上下车需求。在上车时，应先协助客人上车，然后再让司机和随行人员上车；在下车时，应先让司机和随行人员下车，然后再协助客人下车。

不同场景的上下车礼仪细节见表3-1。

表 3-1　　　　　　　　　　　上下车礼仪细节

场景	上车礼仪细节	下车礼仪细节
一般情况	为客人打开车门（一般情况下开右侧车门），使用左手稳住车门，右手挡住车门上沿，以免客人碰头（左侧上车相反）。在确保客人安全上车之后，轻轻关上车门	第一时间下车，快速地为客人开车门（一般情况下开右侧车门），同时右手挡住车门上沿，左手稳住车门（左侧下车相反）。如多位客人同坐一辆车，谁最方便下车就谁先下车
领导外出办事，随行人员较多	当受到对方热情送别后，应当向对方表示谢意。送别仪式的重点是双方主要领导之间的交流，一般情况下，随行人员可先上车。如果存在多辆车分乘，随行人员应到各自车内等候，只需留下一位与领导同车的人陪同领导道别即可	当陪同领导出席欢迎仪式时，若对方已做好准备，则随行人员应等待领导下车后再自行离开车辆，以避免有抢镜头之嫌。领导在乘坐三排以上商务车时，坐在靠门的一侧的人员要主动为其开门，并等待领导下车后再下车
有女士、长辈、上司、嘉宾乘车（双排轿车）	应当优先邀请女士、长辈、上司或嘉宾等重要人士上车，以示尊重和关爱。在邀请上车时，应当主动开启车门，并让被邀请者从右侧后门登车，坐在右后排座位上。当他们就位后，再从车后绕到左侧后门登车，坐在左后排座位上	到达目的地后，当没有人协助开车门时，司机和迎宾人员则需要从左侧门下车，绕至右侧后门，开启右后车门并帮助女士、长辈、上司或嘉宾下车
迎宾人员亲自驾车（双排轿车）	先为右侧后门的乘客开门，并用手把车门上沿挡住，以免客人碰头。等乘客上车后，要小心关门并注意不要夹到他的手或衣服。如果还有客人需要上车，可以从车尾绕到左侧后门并为其开门	迎宾人员需要第一时间下车，从车后绕行至右侧后门，开门后用手挡住车门上沿，以免客人碰头
迎宾车为四排及四排以上中型或大型商务车	迎宾人员应安排男士、晚辈、下级和主方人员先上车，坐在中后排（若迎宾人员不上车，主方人员应优先考虑就座于副驾驶座）；然后安排女士、长辈、上司、嘉宾上车，坐在中前排	请女士、长辈、上司、嘉宾先下车，男士、晚辈、下级、主方人员后下车
女士乘车（双排轿车）	背对着座位，缓慢地坐到座位上，将双脚并拢一起收进车内	双脚一起落地，不可交叉或搭在座位上，这样会显得不太得体

（3）注意事项

1）主方领导驾车时，为避免对主方领导失敬，无论客人是一人或多人，都须有一位客人坐到副驾驶座。

2）副驾驶座的安全系数相对较低，不宜请女士或未成年人就座。

3）在商务场合中，应当尊重客人对于就座位置的选择。

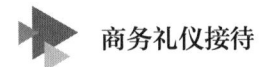

3. 接待手册发放

在客人到酒店后，安排人员分送行李，并将包含了住宿安排、活动计划、交通安排、餐食时间和地点以及相关提示等信息的接待手册发给客人。

4. 引领礼仪

引导员在引领客人的过程中需要注意的礼仪有以下几点。

（1）引导员应位于客人左前方1.5米左右，半侧身交叉步行走，兼顾前方和客人，在转弯处、楼梯间及进出电梯时都应放慢脚步，等待客人。

（2）出入房门，引导员可先行一步推开或拉开房门，待客人通过后，再轻掩房门，快步赶上客人。

（3）上楼梯时请客人走前面，下楼梯时引导员走前面，以便提供意外保护。

（4）对于无人操作的自动电梯，引导员应该先进后出，以便控制电梯。在乘坐扶梯上楼时，同样应该让客人走在前面，乘坐扶梯下楼时则让客人走在后面。

5. 行进礼仪

行进中需要注意的礼仪有以下几点。

（1）宾主双方多人并行时，通常情况下"以右为尊"，主方走在客人的左后方。并排行进时，位高的人在内侧，位低的人在外侧。多人并排行进时，位高的人在中央，位低的人在两侧。单列行进时，位高的人在前方，位低的人在后方。

（2）在单列上下楼梯时，一般情况下位高的人在前方。如果男女共同前行，女士应优先前行；若有着裙装的女性，则应该让其走在后面。在陪同客人并排上下楼梯时，引导员应该让客人靠近墙的一侧，并将宽敞的地方留给客人，方便客人行进。

（3）进出房间的时候应该让客人或位高者先进出。如果引导员和客人都是第一次到达一个陌生的房间，引导员应该先进门。

二、饮食安排

1. 提前了解客人饮食习惯

一般在招待客人的时候普遍讲究客随主便，因为这样可以省去很多繁文缛节，但在商务接待中，要多考虑以下因素。

（1）菜品的数量最好能与客人数量匹配，避免出现菜不够吃的情况。

（2）受地域文化影响，来自不同地区的客人饮食偏好往往会不尽相同，因此要对客人的文化背景提前做好调查，安排菜肴要多照顾客人的饮食偏好。

（3）在以上两点的基础上，进行菜肴选择。可首先考虑餐厅的特色菜肴或者有本地特色的菜肴，菜肴的组合要讲究荤素搭配，有酸有甜，有冷有热。

2. 根据计划进行饮食安排

安排客人饮食的人员应做到：

（1）提前到达就餐场地，确定用餐人数、时间、地点、方式，并通知酒店。同时应精心策划菜单、布置桌位、制作席位卡，以确保一切有序。

（2）在开餐前1小时，接待人员应该到达就餐场地，监督并检查相关服务，迎接、引领客人入席。

（3）严格按拟定菜单上菜、上酒水等，准确把握上菜节奏，不宜过快或过慢。

三、注意事项

在各种商务活动中，需要根据不同条件和场合，灵活掌握和应用各种礼仪规范处理突发事件。若难以确定是依照现有规则处理还是根据实际情况灵活应对，那么就需要审慎考量，根据主管领导意见，礼貌地采取合适的行动。

为冷静处理在迎宾过程中出现的突发情况，应提前制订应急预案，如：

（1）为防止车辆半路抛锚或者出故障，应提前安排好备用车辆及司机。

（2）可多准备一定量房间，以备客人数量临时增加。

（3）根据接待规格，可按需配备一个能24小时轮流值班的医疗服务小组，佩戴工作证，着装整洁，态度和蔼，准备好健胃消食片、晕车药、创可贴、感冒药、风油精、速效救心丸等药品和用品。

学习单元 2

商务会议礼仪

一、商务会议的概念

在现代社会里，三个以上的人聚合在一起讨论或解决某个或某些议题，就是会议，也称为集会或者聚会。商务会议多指带有商业性质的会议。

1. 商务会议的作用

商务会议是商务交往活动中的重要环节，在促成交往双方达成合作意向、增进双方了解等方面起着重大的作用。

（1）为单位高效领导、高效管理和经营赋能。

（2）贯彻主旨和方针、沟通协调。

（3）采纳各方意见，进行科学决策。

（4）建立联系、扩大交际、加深社交关系。

2. 商务会议的类型

商务会议的类型多种多样，根据会议性质和目的可划分为以下四种类型。

（1）行政型商务会议。主要是为了确认某些行政内容或行政目的，具有一定行政性、执行性、工作性的商务会议，如行政会、董事会、述职大会等。

（2）业务型商务会议。根据业务类型召开的具有一定专业性、技术性的商务会议，如各类商务展会、各类产品宣讲会等。

（3）群体型商务会议。为争取群体利益、反映群体意愿的商务会议，如职代会、商界内的选举大会等。

（4）社交型商务会议。以社交为核心目的的商务会议，旨在建立、加深、扩展社交关系，如各类商务酒会、茶话会等。

商务会议是一种较为正式的商务活动，需要商务人员在办会过程中认真对待，精心安排。办会要务实，要注重时间效能，尽量在更少的会议时间中解决实际问题。

二、商务会议准备

商务会议准备工作的完善与否将直接影响商务会议的效果。会议准备工作包括如下内容。

1. 成立会议筹备组

为确保会议的成功，需精心组建一个高效的会议筹备组。筹备组负责人应经验丰富、有责任心，具有良好礼仪素养及较高的组织能力，善于做思想政治工作，且在单位备受瞩目，自身各方面能力强，能够以身作则，具有在关键时刻带领筹备组人员突击某项任务的能力。如果条件允许，筹备组的负责人最好也能担当会议的主持人。

会议筹备组应当划分为秘书小组和会务小组两个部分。秘书小组主要负责文字宣传的准备工作，而会务小组则主要负责除文字宣传以外的所有工作，包括会前准备、会议接待、会议中间的事务，以及会后送行等。会议筹备期间，各部门需要协调配合。为确保会议准备工作完善稳妥，会议筹备组负责人和两个小组的负责人应积极沟通信息，按进度计划完成准备工作。

2. 会议准备具体工作

会议准备具体工作由会务小组负责，工作内容包括以下几个方面。

（1）确定会议主题。确定会议主题就是要明确会议的主导思想，这点尤为重要。后续的会议形式、内容、议程、会期、出席人员及任务分工等，都要在会议主题确定之后，再逐项予以确认。

（2）确定会议时间与场所。在选择会议时间时，应当避免与企业的业务繁忙期或重要的节假日相冲突。为了确保会议场所的适宜性，需要综合考虑交通便利、停车方便、大小适中、设施齐全、符合主题等条件。

（3）拟发会议通知。会议通知通常包括以下几个要素。

1）会议名称。

2）会议主题与主要内容简介。

3）会议的开始和结束日期。

4）报到的时间与地点（标注各类交通工具的前往路线）。

5）参会对象，若可选派，需明确规定具体条件。

6）会议要求，重点包含与会者需要做的准备，如：参会材料、生活用品、差旅费报销、其他费用等。

应提前一定时间发送会议通知，便于参会者有所准备。根据会议的内容和参会者所在的地区范围，会议通知可采用电子邮件发送，也可采用邮寄的方式（在信封上写明"会议通知，收到急转"的字样，避免中途耽搁），还可制成请柬派专人登门呈送给特邀嘉宾，以示诚恳和尊重。

（4）起草会议文件。筹备组人员应在会前准备好会议中可能用到的各项文件材料，尤其是可公开的重要材料要尽量做到人手一份。特别需要准备好会议开幕词、闭幕词和主题报告。交通、食宿、医疗、安全等方面的内容可在会议文件的附件中进行介绍。

（5）准备会议辅助物品与器材

1）基本物品，如桌椅、桌签、会议服务用具、茶水等。

2）纸质资料，如签到簿、名册、会议议程，以及产品相关信息资料。

3）书写工具，如白板、笔、板擦和其他配套工具。

4）多种视听器材，如投影仪、录音机、翻页器摄像机、小型影印机、打印机等。

（6）布置会场

1）会场布置应与会议内容相协调。根据会议类型，按圆形或者正方形、长方形、对称形、凹字形进行会场座位布置。会场服务人员应在会议前一晚，按会议要求摆设好会议台，通常每张会议台坐3人，会议台上铺绿绒，绿绒布从台边垂下，距地面1~2厘米，椅边前缘与台边垂直，与绿绒布平贴。若会议需提供纸笔，每位正中间摆放A4信纸3张，A4信纸距离桌边1.5厘米宽，签字笔（或铅笔）1支紧贴摆放在A4信纸的右侧，签字笔标志正对客人，笔尖朝上方，笔尾与A4纸靠近桌边一侧对齐。茶杯紧贴A4纸右上角，正中心与A4纸右竖侧成一条直线，茶杯标志正对客人，杯耳与A4纸右侧垂直。另外会场布置时要注意色彩的心理效果和花草、盆景的搭配安排。

具体的会场布置要求见表3-2。

表3-2　　　　　　　　　　　会场布置要求

项目	要求
会标	会标的每个字的宽度＝（台口宽度－字间隔）/（字数+2）

续表

项目	要求
桌签	标明就座人姓名
主席台	布置要对称、简洁，台口和台深（主席台的前沿到底幕的距离）的设计要适当
台幕	主席台的台幕一般用紫红色或深蓝色面料做成，以单色为主。红色热烈喜庆，适用于重大的集会；蓝色柔和宁静，适用于各类工作会议
会徽	会徽一般挂设在台幕上

2）主席台位次安排。商务会议排列座次一般有按指定区域就座和自由就座两种方式。若是重要的商务会议，通常会在座位上放置写有姓名的桌签。座次的尊卑目前国内多遵循以下原则：前排尊于后排，中央尊于两侧，左座尊于右座。

（7）会议演练。为了及时发现和解决会议中可能遇到的问题，在会议筹备期间可进行演练，并制订可行性强的应急预案，防患于未然。

三、商务会议服务礼仪

会议服务人员应保持良好的精神面貌，对来宾要态度诚恳、热情周到，音量要适中，普通话规范；着工装并保持整洁卫生，佩戴好胸牌；按要求着淡妆，发式标准；不擅自脱岗，恪守职业道德，完成好会议服务工作。

1. 会前服务礼仪

（1）服务人员应提前1小时进入会场，检查会场整体效果，确保各项准备工作就位。

（2）打开安全门、照明灯及通道门，做好引导工作；如需使用空调，应提前半小时开启。

（3）会议开始前30分钟，服务人员各就其位，准备迎接会议嘉宾。嘉宾到来时，服务人员要精神饱满、热情礼貌地站在会议室的入口处迎接，配合其他会务人员工作，引领嘉宾就座。

2. 会中服务礼仪

（1）斟倒茶水时要先从中间职位最高者开始。应在客人右后方续水；每15~20分钟续水一次，遇到天热时应随时加水；端放茶杯动作要轻，不要从客人肩部和头上越过，续水时不要把壶提得过高，以免开水溅出，尽量采用捧斟的方式。特别强调的是，斟倒茶水时应用右手小拇指与无名指夹住杯盖，中指和食指卡住杯把，将茶杯端至腹前，左手提水壶将水徐徐斟入杯中，以八成满为宜，原位放回茶杯并及时盖上杯盖。

（2）会议中注意适时调整空调温度，以保证与会人员体感舒适。

3. 会后服务礼仪

（1）会议结束时，服务人员应及时打开通道门，站立两侧，礼貌送客。

（2）会后及时做好会场清理工作。清理会场时，要认真仔细，如发现有遗失物品，要尽快与失主取得联系，或者交由会议主办方进行处理。

（3）宜指定专人回收、整理会议资料。商务会议结束后，首先要及时对会场遗留的资料进行清理、回收、销毁。商务会议中涉及的资料大部分都包含有商业信息，甚至有些会涉及财务信息或机密数据，会后需按照商务会议方案的具体分工，安排专人对资料进行处理，能用的及时回收，不能用的及时销毁，避免因为会后资料处理不善导致信息泄露，给公司造成不必要的麻烦和损失。

（4）清理宣传物品。会场的宣传物品主要指包括会标、通知牌、指示牌、横幅和展板等。会议结束后，服务人员应及时撤去，本着节约的原则，对可以重复使用的物品进行归类、整理、入库，妥善保管。如果属于一次性用品，则应予以销毁。

（5）清理会场设备。商务会议需要用到各种会议设备，如计算机、音响系统、电子屏幕、空调、复印机、打印机、同声传译系统和电子表决系统等。会后应该按照商务会议方案的具体分工，由专人对设备进行整理、归还。如果这些设备是会场自备的，应找到相关的负责人员，共同进行查验、交接；如果这些设备是租借的，则应该调试整理好，归还租借方；如果是公司自带的，则应收拾好拿回公司。设备如需搬动，要注意轻拿轻放，以免损坏。

（6）清理其他物品。除了会议资料、宣传物品和设备外，会场应清理的还有充气气球、充气拱门、彩旗和植物花卉等烘托会议气氛的物品，以及台签、签到簿和饮用水等会议用品。同样，租借物品要及时归还，如充气气球、拱门等。自行购买的物品可带回公司，以备下次会议使用，如彩旗、台签和饮用水等。饮用过的矿泉水瓶清理进垃圾箱，若有未启封的则装箱妥善保存，以备下次会议饮用。签到簿应妥善保管。要认真打扫收拾，使会场恢复原状。最后，再一次检查会场，确认无物品遗漏后，带好物品返回公司。

（7）不议论、外传会议及会议内容，遵守保密纪律。

四、参会礼仪

1. 接到会议邀请后，能否出席要尽早答复；若为书面邀请，应以书面形式回复。

2. 参会者需着装整洁、大方，仪容修饰自然、爽洁，与会议气氛相协调。与会期间注意言谈举止，做到大方得体。

3. 确定参会后应严格遵守会议时间，准时入场；听从会议主办方的安排，依会议安排落座，遵守会场纪律。与会期间认真听讲，不接打电话。发言人发言结束时，应鼓掌致意。若有特殊情况需中途退场，动作要轻，不可影响他人。

4. 参会人员在发言时应简短、观点鲜明、态度平和、口齿清晰。在开讲前和结束时应注意使用鞠躬、挥手等形体语言向听众致意和致谢。

五、会务收尾工作

1. 收集整理会议记录

为保证会议记录的真实、清晰、准确、完整和规范，会议结束后要及时对现场记录进行整理。

2. 会议文件的立卷归档

会议文件必须在会议结束后归入卷内，其排列顺序一般是：会议通知、会议纪要、会议议题及有关文件。

3. 会议新闻报道

会务处应及时向新闻记者提出宣传会议的要求和建议。新闻稿件通常由会务人员与新闻记者配合共同撰写，以求及时、准确地反映会议精神。新闻稿件在发布前应送领导审核，以免出现差错。

4. 会务总结

这是会务工作的最后一件事，一般由领导召集会务人员召开，有时还要写出会务工作的总结报告。

学习单元 3

商务仪式礼仪

商务仪式是指在商务活动中，特别是在一些比较盛大、比较热烈、比较庄严、比较隆重的场合，为了激发出席者的某种情感，或是为了引起其重视，按合乎规范与惯例的程序，按部就班地举行商业活动的形式。商务人员经常会参与签约、开业、剪彩、庆典等仪式。在商务活动中应恰到好处地运用仪式并遵循相关礼仪规范。

一、签约仪式礼仪

1. 签约仪式准备

（1）确定签约人。签约各方应事前充分沟通，确定参与仪式的人员数量及其职务或身份，尽量保证各方签约人员的职务或身份相近。同时，各方可派出职务较高的领导参与仪式以表重视和庆贺，不过仍需注意职务或身份应相近。

一般签约各方会委派各自职务最高的领导作为致辞人，有时也可请上级单位或协调单位的代表致贺词。若仪式流程设计中有致辞、祝酒等环节，主办方应提前安排表达能力强、善于应变、形象好且有一定身份的人作为仪式主持人，并在这些环节中由主持人介绍致辞人的身份。随行人员的身份、数量由各方沟通决定，原则上各方保持一致或相近，需要考虑签约场所的空间限制问题。另外，也可邀请保证人、协调人、律师、公证人员参加。在大型或隆重的签约仪式中，还需各自安排一位助签人协助签约，主要负责帮签约人翻揭文本、指明签约处以及互换文本等。为方便仪式开始前引导各方人员进入签约厅以及签约结束后端上香槟等，主办方还可安排一些形象、气质较好的女士作为礼仪人员。

（2）出席仪式人员服饰。男士应穿着带礼服性质的深色中山装套装或西装套装，着同色系深色皮鞋。如穿着西装套装，须选择单色领带，配白色衬衫。女士应穿着深色西装套裙配长筒肉色丝袜、黑色高跟鞋，或者穿着深色套裤，也可着花色素雅的连衣裙。女性礼仪人员、接待人员可穿着旗袍类礼仪性服装，其他礼仪人员、接待人员可穿着工作制服。

（3）布置签约场所。当签约仪式较为重大时，可提前为专用签约厅铺上红地毯，除了签约及相关来宾所用的桌椅外，建议不做其他陈设。若没有专用签约厅，则可用临时会议厅、会客室作为签约场所。在沟通达成一致的情况下，可在签约桌正后方挂上"××××签约仪式"字样的条幅或背景布，并注明签约各方名称。通常情况下，条幅采用红底白字或黄字。背景布更多采用蓝色作为底色，有时也可以加上一些如合作项目背景图之类的图案；字的颜色一般白、黄都可以，但需要排除签约各方的禁忌色。

（4）准备签约物品。签约桌上，需提前准备好将要签署的协议文件、签字笔、吸墨器等签约文具。协议文本内页一般用白纸印成，封面尽量用真皮、金属、软木等相对较好材质制作。

需要补充的是，在签署涉外协议时，需在各自签约人的座席前插上本国国旗。

（5）致辞物品准备。如在仪式中需要致辞，可在签约桌的右侧放置发言席或者落地式话筒，或在各方签约代表座席前放置会议麦克风。

（6）签约座次安排。签约时所用桌子通常推荐使用长形桌，具体大小及长度根据需要就座的签约代表数量决定。桌上一般铺深冷色系的桌布，桌布颜色避免选用禁忌色，首推深绿色。在签约桌后摆放座椅供签约代表就座。多方签约时，可只摆放一把座椅供各签约代表轮流签约时就座，也可给每位签约人都提供一把座椅。

通常情况下，签约仪式中的座次安排分三种方式。

1）并列式。一般适用于两方签约，需将签约桌在签约厅内横向摆放，参与仪式人员在签约桌之后并排面门就座，客方居右，主方居左，双方签约人居中。

2）相对式。相对式的座次排列除了将双方随员席排在签约人对面外，其他并无区别，需要注意的是双方各自的随员席应在各自签约人对面。

3）主席式。主要适用于多方签约仪式。其签约桌和上面两种方式一样，但签约桌只设一个，且就座者不固定。举行仪式时，各方人员皆应背门并面向签约桌就座，签约人按仪式前沟通确定的先后顺序依次上前就座签字，完成后退回原处就座。

2. 签约仪式流程

通常情况下，签约仪式一般时间较短，但要求气氛庄重热烈、过程严谨、程序规范，因此需要注意的流程节点较多。一般正式的签约仪式整体流程中有以下4项重要环节。

（1）宣布签约仪式开始。各方代表在进入签约场所后，依照会议举办方既定的座次规则落座。仪式主持人按照先客后主、职务由高到低的顺序进行参会者介绍。

（2）签约及致辞。一般双边签约时，签约顺序为先主后客；多边签约时，则按协议内容中的既定顺序进行签约。致辞亦是如此。有时候根据双方仪式前的沟通意见，致辞这个程序也可以省略。在签署协议文件时，最好先签署己方保存的协议文件，双方签署完各自保存的文件，交换后再签署对方保存的文件，签署完成后再换回己方的。

（3）庆贺。签约人交换文件后，多会热情握手，互相祝贺，可互换签字笔以作纪念。此时参会人员应热烈鼓掌以表示祝贺。签约仪式结束后，各方可共举香槟庆贺。

（4）对外发布。基于签约各方的需求，在沟通意见达成一致后，还可在仪式结束后举行新闻发布会，甚至可以直接在发布会现场进行签约并邀请相关媒体进行采访。

3. 签约仪式注意事项

签署双边协议时，按国内规则，客方签约人一般就座于面朝签约桌方向的右侧，主方签约人则就座于左侧。签约时，为方便协助签约人，助签人分别站在己方签约人外侧。当座次按相对式排布时，双方随员按一定顺序在己方签约人的对面就座；若座次按并列式排列时，则以面朝签约桌方向为基准，根据职务级别，客方按左高右低、主方按右高左低排成一行，站在己方签约人身后，当人员较多时，可遵照"前高后低"的惯例排成多行。

签署多边协议时，若有主持人，则各方签约人根据主持人安排的顺序进行签约；若无主持人，则根据事先约定的顺序逐个签约，各方助签人一并行动。需注意的是，助签时应根据"右高左低"的惯例站在己方签约人左侧。各方随员则按一定顺序面对签约桌就座或站立。

签约时，若有助签人，助签人需为签约人翻揭协议文件到签字页面，而后以手势指出签约位置，并在签约人签字后，用吸墨器吸干多余墨汁。交换文件时，一般也都由各方助签人传递、收取协议文件。若无助签人，则由双方签约人签约完毕后左手捧协议文件，右手互握，其他人员则鼓掌以示祝贺，之后再由签约人相互换回己方保存的协议文件。

签约仪式中的致辞并非必须环节。致辞一般由各方首席代表、特意安排的发言人或重要来宾发言。致辞内容主要分三部分：首先是对参与仪式人员的问候（可以点出各方若干重要参与人员），其次说明仪式主题（此次是什么签约仪式），最后衷心祝福和祝愿。致辞内容应简明扼要，一般控制在3分钟左右。

二、开业仪式礼仪

开业仪式是指在单位创建、开业，项目完工、落成，某一建筑物正式启用，或是某一工程正式开始之际，为了表示庆贺和纪念，按照一定的程序隆重举行的专门仪式。开业仪式礼仪一般指仪式准备和举办过程中需要注意的各种礼仪惯例。

1. 开业仪式准备

开业仪式围绕热烈、节俭、缜密三原则进行准备，准备工作的重点是舆论宣传、来宾邀约、场地布置、接待服务、礼品馈赠和程序拟定六个方面。

（1）舆论宣传。举办开业仪式对于单位形象宣传非常有意义。开业仪式的常规舆论宣传主要方式有：一是选择有效的媒体进行针对性宣传，例如在以针对顾客的大力度优惠为亮点吸引目标群体的同时，将仪式举办日期、地点、单位特色等信息广而告之；二是邀请相关媒体机构在开业仪式举办期间前来采访、报道（尽量提前沟通，做好备稿），媒体机构发布后会进一步起到宣传作用。

（2）来宾邀约。开业仪式的影响力大小在一定程度上取决于参与仪式的人，来宾的身份、社会地位、社会影响力都对开业仪式起到至关重要的作用。因此，想要扩大开业仪式的影响力，起到更好的品牌宣传作用，可尽量邀请一些行业身份较高、社会影响力大的人参加。另外，为以示尊重，进一步提高邀约成功率，邀约请柬应尽量认真书写后装入精美信封，由专人提前送达对方手中并做出邀请。

（3）场地布置。通常情况下，举行开业仪式不用设置主席台和相关座椅，因为开业仪式中宾主一般都是站着的。开业仪式场地一般会选择在正门外广场或者正门内大厅之中。而为彰显仪式的隆重与强调对来宾的尊敬，可铺上红地毯，设置签字墙，并可在举办场地周围挂上注明仪式主题的横幅，以气球、彩带、宫灯等作为装饰。同时，需提前准备好茶水、饮料、签到簿以及本单位的宣传资料。此外，若来宾赠礼较多，还应设立一个较为醒目之处，专门作为来宾赠送礼品（如花篮、牌匾）的存放处以示感激和尊重。最后，应认真检查、调试举行仪式所需的用品、用具及设备（如签字笔、音响、话筒、照明设备等），以防在仪式举办过程中出现意外。

（4）接待服务。在仪式过程中，可由外部人员和主办单位内部人员共同组成服务人员团队，并提前做好职能分工。所有接待服务人员都应以热情、真诚、欢快的精神面貌做好接待服务工作。接待重要贵宾时，主办单位的主要负责人应尽量亲自参与接待;其他来宾可由接待服务人员接待,但在接待态度上须一视同仁。此外,还要为来宾准备好专用的停车场、休息室,同时做好相应指引,并为其安排饮食。

(5)礼品馈赠。在举行开业仪式时建议赠送来宾礼品,这样可再次突出对来宾的重视和尊敬,还可起到良好的宣传效果。礼品的选择则至关重要,一般须考虑三个层面。一是荣誉感,礼品需具备一定的纪念意义,能让人对其珍视,如若让来宾收到这个礼品能感到光荣和自豪则再合适不过了。二是宣传效果,礼品应尽量与主办单位息息相关,让人一看到它就能联想到主办单位,如在礼品本身或礼品包装上印上主办单位的LOGO(标志)、标语、产品形象图、开业日期等,如若合适还可选择主办单位自己的产品作为礼品。三是独特感,礼品应尽量结合主办单位品牌形象或核心特色,给人一种独一无二的感觉,让人耳目一新,不能选择市面上随处可见的批量商品。

(6)程序拟定。所谓程序拟定,就是做好仪式的流程规划。通常来说,开业仪式由开场、过程以及结束三个环节构成。开场时,伴随音乐响起,邀请来宾就位后,由主持人宣布仪式正式开始并介绍仪式的主要来宾。过程是开业仪式的主体内容,一般由主办单位发言人讲话、来宾致辞、启动开业标志动作(如剪彩、揭幕)等。结束则是仪式结束后,宾主们共同参观、联欢、座谈等。为保障开业仪式能达到预期效果,无论是仪式开场,还是仪式过程,或者是仪式后的活动,都需精心铺排设计,并提前确定仪式主持人。

2. 开业仪式类型与流程

因商业形式具有多样性和复杂性,其对应的开业仪式也是多种多样的,诸如开幕仪式、开工仪式、奠基仪式、破土仪式、竣工仪式、下水仪式、通车仪式、通航仪式等都属于开业仪式,它们都需要热烈而隆重的氛围,但在具体执行过程中也都伴随有其自身的特点。下面介绍几种常见的开业仪式。

(1)开幕仪式。开幕仪式是出现频率极高的开业仪式之一。开幕仪式通常是指部分酒店、商店、银行正式启用前,或是各类商品的展示会、博览会、订货会正式开始之前所正式举行的一种开业仪式。当仪式举行后,上述机构将正式营业,有关展示会、博览会、订货会也将正式开始。

通常情况下,开幕仪式需要容纳较多人员,因而一般会考虑将门前广场、展厅、室内大厅等空间较大的地方作为开幕仪式举办场所。

开幕仪式的主要流程如下。

1)宣布仪式正式开始,向所有参与或参观者介绍来宾。

2)由事先确定的揭幕人行至彩幕前,接过礼仪小姐双手递来的彩索后拉开幕布或由事先确定的剪彩人进行剪彩,同时全场热烈鼓掌。

3）全体仪式参与者在主办单位的主要负责人引导下进入幕门。

4）主办单位发言人致辞。

5）来宾代表致辞祝贺。

6）仪式结束，接待服务人员陪同来宾们进行参观。

（2）开工仪式。开工仪式是工厂正式投入生产、矿山正式开采等类似工作正式开始前专门举办的带庆祝性、纪念性的开业仪式。为了让参与仪式的人员能更清晰地了解即将开展的工作内容，按惯例，会选择如工厂生产车间、矿山矿井处等作为仪式的举办场所。同时，除主持人着礼仪性服装外，主办单位其他人员应身着工作服参加仪式。

开工仪式的主要流程如下。

1）宣布仪式开始，伴随奏乐介绍来宾。

2）在接待服务人员引导下，主办单位的主要负责人陪同来宾行至仪式现场肃立。仪式场地应与工作相关，如工厂开工仪式场地可选择在核心设备开关处，矿山开工仪式场地可选择在总电闸附近。

3）正式开工。可由主办单位员工代表或来宾代表，或双方共同行至核心设备开关处或总电闸旁等，对其躬身行礼，而后动手启动设备或合上电闸。全体仪式参与人员热烈鼓掌以示祝贺。

4）全体员工各就各位，各司其职。

5）全体来宾在主办单位主要负责人的带领下参观生产现场。

（3）奠基仪式。奠基仪式一般是指一些重要建筑物（如住宅小区、写字楼、商业综合体、场馆、园林、纪念碑等）在动工修建之始举行的庆贺性开业仪式。

按惯例，奠基仪式会选择所修建的建筑物施工现场正门的右侧作为仪式举办场所。一般情况下，会选择一块完好的矩形石料作为奠基石，其中央处应刻上"奠基"两个大字，另需加刻建筑物的具体名称、奠基单位全称及奠基仪式的日期，最好采用金色或黑色楷体刻写。

通常，奠基仪式举行时，会将建筑物的模型或设计图、效果图安放在提前设立的用彩纸、彩绸、松柏树枝等装饰的彩棚中。另外，需准备一个装有建筑物各项资料（如建筑物基础信息、设计图、效果图等）和奠基人姓名的密封铁盒，在奠基人及核心参与人员培土掩埋奠基石前将其掩埋在奠基石之下或一旁。

奠基仪式的主要流程如下。

1）仪式正式开始，介绍来宾。

2）主办单位发言人致辞，介绍该建筑物的建设目的、设计亮点及核心价值。

3）来宾代表致辞贺喜。

4）正式奠基。此时，应在喜庆的音乐氛围中，由奠基人用系有红绸的新锹为奠基石培土，随后再由其他主要参与人员依次为奠基石培土，直到将奠基石完全掩埋。

（4）破土仪式。破土仪式也称破土动工仪式，是指在道路、河道、水库、桥梁、电站、厂房、机场、码头、车站等正式开工建设之际所举行的开业仪式。

破土仪式一般会在工地中央或一侧选择一处较为干净、平整、完好的地方作为仪式举行地点。举行地附近可搭建一些临时休息用的帐篷或活动房，以便来宾休息以及应对一些突发的恶劣天气。

破土仪式的主要流程如下。

1）宣布仪式开始，介绍来宾。

2）主办单位发言人致辞，重点简单介绍开工建设项目的情况并对参与仪式的各方表示感谢。

3）来宾致辞祝贺。

4）正式破土动工。通常首先全体肃立，环绕破土之处对破土者行注目礼。而后，由破土者持系有红绸的新锹垦土三次。最后，所有参与者伴随喜庆音乐热烈鼓掌以示庆贺。

需特别强调，考虑到奠基仪式与破土仪式不管从程序上还是作用上都大体一致，通常情况下这两种仪式只会择其一举办。

（5）竣工仪式。竣工仪式又称落成仪式或建成仪式，一般指某项目（如建筑物、厂区、园区、写字楼、住宅楼、纪念碑等）建成之后或某种重大产品生产成功之后举办的庆贺性开业仪式。竣工仪式通常会以项目现场作为仪式举办地点，如建成的园区内、厂区内、纪念碑旁等。

竣工仪式的主要流程如下。

1）宣布仪式开始，介绍来宾。

2）可奏主办单位标志性歌曲。

3）主办单位发言人致辞，以介绍项目基本情况、建设或生产过程，感谢仪式参与人员和项目参与工作人员为主。

4）进行揭幕或剪彩。

5）全体仪式参与人员对建设完成的项目成果行注目礼，以示对项目建设人员的尊重和认可。

6）来宾致辞。

7）参观。

需特别强调的是，仪式的氛围应与建设项目或重要产品的类型相适应。例如：当竣工的是工厂、大厦、写字楼或癌症特效药生产成功时，气氛应当是欢快而兴奋的；

当竣工的是烈士纪念碑、纪念塔、纪念堂、纪念馆等建筑物时，则气氛应当是庄重而肃穆的。

（6）下水仪式。下水仪式指在新船建设完成，验收合格，准备交付使用时，为其即将到来的正式起航所举办的庆祝性活动。

在国际通行做法中，下水仪式基本会选择新船所在码头举行。码头附近应设置来宾观礼或休息用的临时场所。可在仪式举办场所中和船只的两侧船舷上扎彩旗、系彩带做装饰，还可在船头上扎上绸布大红花，以添加喜庆的氛围。

下水仪式的主要流程如下。

1）宣布仪式开始，介绍来宾。

2）主办单位发言人致辞，介绍新船的基本状况，如吨位、马力、长度、高度、吃水、用途等。

3）砍断缆绳。因考虑其危险性，有时可象征性地砍断一根系在船台和新船之间的绳子，而后新船正式下水。

4）来宾代表致辞祝贺。

（7）通车仪式。通车仪式又叫开通仪式，通常指重要陆运交通工程建设完工并验收合格后所举行的启用仪式。

举行通车仪式一般会选择该交通工程的一端作为仪式举办地点。仪式举办时，会在举办现场附近，尤其是该交通沿线两侧插上适量的彩旗，并挂上彩带。而对于交通工程进行首次通行的汽车、火车或地铁列车会被重点装饰，如在车头处系上大红花，两侧插上彩旗、系上彩带等，还可在适当位置挂上"××交通工程通车仪式"的宣传横幅。

通车仪式的主要流程如下。

1）宣布仪式开始，介绍来宾。

2）主办单位发言人致辞，介绍即将通车的交通工程的基本情况，并向相关单位、人员及仪式参与人员表示感谢。

3）来宾代表致辞祝贺。

4）正式剪彩。

5）首次正式通行。可安排主办单位负责人所乘车辆于前方领路，来宾与群众代表同行。

（8）通航仪式。通航仪式又称首航仪式，指在即将正式开通某一飞机或轮船的新航线之际所举行的庆祝性仪式。一般情况下，除主要交通工具不一样之外，通航仪式在其他方面与通车仪式基本相同。

3. 参加开业仪式的礼仪要求

（1）宾客在见到主办单位相关人员时应向其道贺，并根据仪式内容说一些相应的吉利话。

（2）宾客参与仪式时应送上适当的带贺词和署名的贺礼。

（3）致辞代表致辞应尽量简明扼要、有礼有节。

（4）参加人员需准时参加，并注意妆容及着装应与仪式内容相匹配。

（5）仪式进行时，所有参加人员应进行礼貌性的附和，如鼓掌、欢呼、跟随参观等。

（6）仪式结束后，宾客离开时应与相关人员告别，并对主办单位表示谢意。

三、剪彩仪式礼仪

剪彩仪式作为一种庆典形式，既可在各类开业仪式中安排，也可专门独立举办，以表示对该事件的重视。

1. 剪彩仪式准备

（1）布置场地。通常情况下，剪彩仪式会选择展销会、博览会门口或新建成工程、建筑现场作为仪式举办场所。铺上红地毯，在合适的地方挂上仪式主题条幅或背景布，并用彩灯、彩带、气球等作为装饰，为会场增加喜庆的氛围感。

（2）准备剪彩用具。应根据剪彩程序提前准备好剪彩用具，如新剪刀、托盘、红色缎带、花团、白色薄纱手套等。

（3）确定剪彩者。一般情况下，剪彩者会是此次仪式来宾中身份相对较高的一位或几位，多由上级单位领导、合作伙伴单位负责人、社会名流、员工代表或客户代表担任。按惯例，剪彩者总人数不多于五人。剪彩者名单一经初步确定，主办单位应提前告知剪彩者届时的剪彩者人数及具体人员，以示对剪彩者的尊重。若对方不同意则可及时调整名单。

（4）确定助剪人员。剪彩仪式具有特殊性，其要求的礼仪接待人员较多，工作划分也较为细致，通常统称为礼仪小姐，一般可分为迎宾者、引导者、服务者、捧花者、拉彩者、托盘者。迎宾者负责迎来送往。引导者负责在剪彩时带领剪彩者登台及退场。服务者则为所有来宾提供茶水、饮料和安排休息地。捧花者则在剪彩时手托花团。拉彩者是在剪彩时展开、拉直待剪的红色缎带。托盘者则为剪彩者递接剪刀、白色薄纱手套等剪彩用品。通常情况下，迎宾者与服务者应不止一人；引导者和托盘者根据剪彩者数量及现场情况安排，既可以是一人，也可以是多人；拉彩者通常应为两人；捧花者根据花团数量决定,一般有多少花团就安排多少位捧花者,一花一人。另外,根据现场安排内容的衔接情况,有时礼仪小姐亦可身兼数职。宜选择机敏灵活、交际能力强、相貌气质较好、身材颀长、音色甜美的年轻女性担任礼仪小姐。

(5)演练流程并强调礼仪规范要求。为避免在剪彩仪式中出现失误,还可事先对剪彩者和礼仪小姐进行培训、演练。剪彩人应不戴帽子或墨镜,不穿便装,身着带礼服性质的西装套装、中山装套装、套裙或制服,打理整齐头发。礼仪小姐应着款式、面料、色彩相对统一的单色旗袍,配肉色连裤丝袜、黑色高跟皮鞋;除婚戒、耳环或耳钉外,不佩戴其他任何首饰。有时,在保持整齐统一的原则下,礼仪小姐还可穿着深色或单色套裙。

(6)安排剪彩者位次。剪彩仪式上剪彩者位次安排尤为重要,安排原则见表3-3。

表3-3　　　　　　　　　　　剪彩者位次安排原则

类型	位次安排原则(从观众角度看)
一人剪彩	居中站立
多人剪彩	(遵循国际惯例)中间位高于两侧,右侧位高于左侧;距离中间站立者愈远,位次愈低;主剪者应居于中央的位置
无外籍剪彩者	(遵循我国传统礼仪)中间位高于两侧,左侧位高于右侧;主剪者应居于中央的位置

2. 剪彩仪式流程

剪彩仪式整体时间不宜过长,原则上应少于1小时,若只是作为某个开业仪式的环节,15分钟左右便可。一场专门进行的独立剪彩仪式,其基本程序通常如下。

(1)来宾入场就位。引导者通常应在剪彩仪式开始前5分钟将来宾们引领入场,并按事先安排的座次就座。具体入场时间可根据来宾数量灵活处理。

(2)宣布仪式开始。由主办单位主要负责人担任主持人,宣布仪式开始,而后在奏乐和鸣炮(需提前确认政策是否允许)后介绍到场的来宾并表示感谢。

(3)宾主致辞。先后由主办单位代表、上级主管单位代表、合作单位代表以及社会知名人士进行发言。讲话内容应简明扼要且具有介绍性和祝贺性。

(4)开始剪彩。当主持人宣布剪彩开始时,礼仪小姐应从两侧或右侧排成一行陆续登台。拉彩者于两端拉直红色缎带,捧花者则双手捧一朵花团与拉彩者排成一行。托盘者则须在拉彩者与捧花者身后一米左右自成一行。

引导者在剪彩者左前方引导剪彩者从右侧出场登台。各就各位后,托盘者前行一步,在剪彩者侧后方为其递上剪刀及手套。若剪彩者仅为一人则托盘者在其右后侧协助。

在正式剪彩前，剪彩者应先向两侧拉彩者、捧花者示意，待其有所准备后，手持剪刀庄重地将红色缎带一刀剪断。若多名剪彩者同时剪彩时，两侧剪彩者应注意中间或中间偏右侧的剪彩者，与其步调保持一致，尽量同时剪断缎带。

捧花者与托盘者应做好配合工作，在剪彩后需让红色花团准确落入托盘里，切勿使之坠地。剪彩者剪彩成功后，可单手举起剪刀朝上，面向全体到场者致意，再将剪刀、手套放回托盘内并鼓掌，最后依次与主办单位主要负责人握手道喜后在引导者引导下从右侧退场。

（5）安排参观。剪彩结束后，主办单位可安排一些参观、联谊会、茶话会、签名、题词、就餐等后续活动。活动结束时，可赠送一些纪念品给来宾并热情欢送。

四、庆典仪式礼仪

庆典仪式主要以庆祝为中心，喜庆、欢快、热烈的氛围是其必须具备的。而庆典的宗旨是进一步宣传主办单位品牌形象，显示主办单位实力和影响力。庆典仪式办得效果如何，对主办单位影响重大，因此无论是组织筹办还是庆典仪式过程的执行细节都需精心安排。

1. 庆典仪式准备

（1）名单确定。根据庆典的宗旨确定庆典出席人员名单。确定庆典出席人员的考量因素见表3-4。名单确定后，应尽早发出邀请或通知。基于庆典隆重及参与人员众多，如非特殊情况，应保障庆典按时、按计划顺利进行。

表3-4　　　　　　　　　　确定庆典出席人员的考量因素

出席人员	考量因素
上级领导	邀请各方面领导参加，主要是感谢其过往对单位的支持和指导
社会名流	社会名流具有一定的社会知名度和影响力，其本身就自带"流量"，社会名流的出席将为提高主办单位知名度起到非常好的作用
大众传媒	通过传统媒体、短视频媒体、自媒体等媒介的宣传，可进一步让主办单位扩大影响力
合作伙伴	合作伙伴的参与充分体现了合作共赢的思想，同时，大量优质的合作伙伴也充分彰显了主办单位的实力
社区相关单位领导	例如主办单位所在区域或附近社区的居委会、街道办、医院、学校等。请这些单位领导参加，能让其对主办单位加深了解以便未来获得其更多的支持
主办单位员工	员工是单位的核心生产力，员工的参与能够增加凝聚力、提升士气、提高生产力，同时加深员工对单位的信心及认可度

（2）来宾接待。相比其他商业活动，庆典仪式对礼仪性接待的要求更强，因此，建议可成立专门负责礼宾接待工作的接待小组，主要负责来宾的迎送、引导、陪同及招待工作，尤其是针对一些特殊人群的陪同和招待，如高龄人士、残障人士、特别尊贵的来宾等。

（3）现场布置。在现场布置时应重点考虑以下几个方面。

1）选择地点。庆典举办地点应根据庆典的规模、影响力以及参加庆典的人数，结合主办单位的实际情况进行选择。如庆典规模较大时可选择门前广场，规模大且隆重程度极高的话可选择大型礼堂，另外会议厅、接待厅根据不同情况也可作为备选。

2）美化环境。为凸显庆典欢快、热情和喜庆的氛围，可在秉持节俭的原则下尽量美化庆典现场，如挂横幅、彩灯、彩带，临时组建或邀请演奏乐队等。

3）准备设备。庆典将要用到的计算机、音响、话筒、大屏等，必须在庆典开始前检查、调试好，务必保证设备能正常使用。另外还需提前试播仪式举行时需要播放的音乐。

（4）拟定程序。主要考虑两个方面：一是环节简单、主旨清晰；二是时间适宜，一般建议控制在1小时左右。

2. 参加庆典仪式的礼仪要求

参加庆典时，所有人员都应注意自己的礼仪表现。其中，主办单位人员的表现尤为重要。

在仪式举行前，主办单位应对本单位参与仪式的所有人员进行相关的礼仪培训，尤其是主要出席人员。

按照仪式礼仪规范，主办单位人员应严格注意以下事项。

（1）仪容整洁。可在仪式前洗澡洗漱、整理发型或胡须。

（2）服饰规范。主办单位除服务人员外的人员，若有统一工作制服则应身着制服作为庆典着装。若无统一制服，男士应穿着带礼服性质的深色中山装套装或西装套装，着同色系深色皮鞋；如穿着西装套装，领带须选择单色领带，配白色衬衫。女士应穿着深色西装套裙，配长筒肉色丝袜、黑色高跟鞋，也可穿着深色套裤或花色素雅的连衣裙。

（3）守时。主办单位所有出席人员都应按公布的时间准时参与仪式。同时主办单位组织人员也应按对外通知的时间准时完成庆典仪式。

（4）表情庄重。在仪式举行时，主办单位参与人员应保持庄重，以表示对仪式的重视。如有升国旗、奏唱国歌的程序，则须立正、脱帽后面向国旗行注目礼，同时认真而庄重地齐唱国歌。

（5）态度友好。主办单位人员应友好对待来宾。如来宾进场时热情问候，友善而亲切地回答来宾问题，礼貌而谦卑地引领、接待等。当出现意外时，要有担当，快速解决问题，不推脱，不嘲讽。当来宾发言开始前和结束后，应主动热烈鼓掌以示欢迎和感谢。

（6）行为自律。主办单位人员应当保持自律，按既定的通知，遵守时间、遵守纪律，用相应的礼仪规范严格要求自己，不搞特殊，不随意在仪式中做与仪式无关的私事，如打电话、随意打闹、玩游戏等。

学习单元 4

商务参观考察礼仪

参观考察是一项非常重要的商务活动。组织方在安排参观考察活动时,需要注意以下几点。

一、确定项目

为了让客人有一个愉悦的参观考察体验,需提前了解客人的情况,根据他们的来访目的、性质以及兴趣意愿,结合当地实际情况,有针对性地选择适合的参观考察项目。对于季节性项目,需考虑时令因素。另外,还要考虑参观考察时间的长短、路途的远近等因素,以便为客人制订合理的行程计划。在准备过程中,应该询问并尽可能地满足客人的要求。如果由于条件限制无法满足,可以表示歉意并解释原因,让客人感受到诚意。

二、组织安排

为了确保参观考察活动的顺利进行,组织方需要制订详细周全的计划。这个计划应该包括活动日程表、项目介绍、休息时间、休息地点、交通工具等方面的内容。如果组织方对参观考察项目不是很熟悉,需要事先踩点,落实各个细节的安排。在确定参观活动的流程和细节后,提前向各个具体接待单位交代相关事宜,并告知所有接待

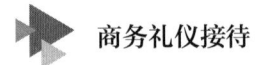

人员各参观考察点的活动内容以及时间、地点，便于互相配合把参观考察活动办好，尽可能地避免问题发生。

三、陪同和介绍

1. 人员陪同

组织方应安排身份相对应的人员陪同客人参观，并确保客人得到专业的引导和服务。接待单位应该提前做好准备，安排相应的人员进行陪同，如果需要的话，还可以安排专业的讲解员。对于场地较大的参观考察点，应安排专人引领带路，以便客人更好地了解相关信息。在安排参观考察时，需要注意避免陪同人员过多，以免队伍过于庞大，导致场面秩序混乱，人员过多也会增加意外情况的发生概率。因此在安排参观考察活动时，要根据实际情况和客人需求，合理安排陪同人员数量，确保参观考察活动顺利进行。

在参观考察活动中，陪同人员需要时刻注意自己的言行举止，尊重客人的意愿和需求，并为其提供周到的服务。步行时，通常应该在客人的左侧陪同，以示尊重。如果主陪人员与客人同行，其他陪同人员应该走在客人和主陪人员的后方，以便客人和主陪人员更好地交流。

在引导客人时，陪同人员应该走在客人的左前方一两步远的地方，并且保持与客人的步速一致。在遇到路口或转弯处时，应该用手示意方向，以便为客人提供指引。

当乘坐电梯时，陪同人员应该快一步走到前面按下电梯按钮，待电梯门打开后，陪同人员先进入电梯，按住"开门"按钮，并用手轻挡住门，请客人进入电梯。到达目的楼层后，用手示意客人先行。在进入房间时，如果门朝外开，应该请客人先进入房间；如果门往里开，应该先进入房间，扶住门，然后再请客人进入房间。

2. 讲解介绍

可以边参观边进行情况介绍，也可以通过座谈介绍。在介绍过程中，应注意仪容仪表，并展现出专业和自信。介绍时应客观、实事求是，所用的数字和材料要精确无误，经得起推敲。

为了提高介绍效果，在参观考察活动开始前应准备好参观考察项目基本情况的书面材料并发给客人。如果客人人数较多，而参观考察点场地有限，可以采用集中介绍、分组参观的方式，以便为客人提供更好的参观体验。

学习单元 5

商务宴请礼仪

一、商务宴请概述

商务宴请是商务交往中不可或缺的一种重要活动,是主人与客人深化了解、建立信任和强化合作关系的重要途径。

商务宴请礼仪是指在商务宴请中应该遵循的礼仪要求和礼仪规范。为了让商务宴请达到更好的效果,在邀请客人时,主人需要认真考虑宴请的时间、档次、环境、菜品、人员等各方面细节,并且要注重邀请方式和礼仪规范。在商务交往中掌握商务宴请礼仪,有助于提升企业形象和信誉度,也有助于增进商务关系和开拓商业机会。

1. 商务宴请的类型

商务宴请可以分为多种类型,常见的包括正式宴会、便餐和工作用餐。按照不同的餐别来划分,则有中式宴会、西式宴会、中西合璧的宴会、日式宴会和韩式宴会等;根据时间进行分类,则有早宴、午宴和晚宴等类型;还可以按照举办目的来进行分类,例如鸡尾酒会、冷餐会、茶会等,都是商务社交活动的一部分。

通常根据举办目的、邀请对象以及经费开支等因素来决定举办何种形式的商务宴请。

(1) 宴会。宴会是一种重要的商务聚会形式,通常采用用餐的方式。根据其隆重程度和出席规格,可分为正式宴会和非正式宴会两种形式。

1）正式宴会。正式宴会是一种精心安排的大型聚餐活动，通常在高档饭店或特定地点举办。此类宴会对宾客数量、礼仪装扮、就座位置、菜品搭配、配乐选择等的要求比较讲究。

2）非正式宴会。非正式宴会有便宴和家宴之分。

①便宴。便宴是商务场合常见的非正式宴会形式，包括早宴、午宴和晚宴。它更加注重简洁、实用，不像正式宴会那样讲究规模和档次。便宴更侧重于邀请相关人员参加并加深彼此间的了解，往往不会对服饰、菜肴数量和席位设置要求过高，也不一定要安排音乐演奏和宾主致辞。

②家宴。家宴是一种在家中进行的非正式宴会形式。相比正式宴会，家宴更加注重营造温馨和自然的氛围，使宾主双方能够轻松相处、畅所欲言、增进感情，进而促进信任。家宴在礼仪方面没有很高的要求，但由女主人亲自下厨、男主人负责服务，或者两人搭配共同招待客人，这样的热情款待使客人感受到主人的尊重和关怀。

（2）茶会。茶会是一种传统的社交活动，通常在上午10点或下午4点举行。茶会场所摆放有茶几和座位，参加者不需排列座次。如果茶会是为了接待贵宾而设，主人会故意与主宾坐在一起，其他客人则可任意就座。

茶会通常以邀请客人饮用茶叶为主要特征，因此对于茶叶和茶具的选择非常考究。通常使用陶瓷茶具，而不能使用玻璃材质的杯子，更加禁止使用普通热水瓶。在一些国家的茶会中，红茶是常见的饮品，主人还会提供点心和特色小吃，也有一些茶会的饮品是咖啡，但仍然以茶会命名。

茶会的规模和形式取决于不同地区和文化背景。正式的茶会规格较高，聚会人数通常不应过多。

（3）招待会。招待会一般指的是一种不安排正餐、提供食品和饮料的宴请形式，参与者可以自由活动而没有固定的座位。冷餐会和酒会是常见的招待会类型。

1）冷餐会。冷餐会具有一定的灵活性，可以在室内或室外举行，参加者可以坐或站，并可自由地享用食物和饮料。菜肴以冷食为主，包括各种沙拉、凉菜、海鲜等，所有饮食都可以自取或请服务员端送。

2）酒会。酒会又称鸡尾酒会，是比较活泼的招待会形式，提供酒水和少量小吃。酒会通常不设座位，仅设小桌或茶几，方便参与者走动，进行更广泛的接触交流。酒会通常在中午、下午或晚上不同时段举办。

（4）工作用餐。在商务交往中，工作用餐是一种常见而重要的形式。它不仅是合作伙伴之间接触、交流、交换信息或洽谈生意的机会，还可以建立人际关系。工作进餐旨在营造一个轻松、愉快、和睦、融洽的氛围，将餐桌充当会议桌或谈判桌，通过进餐的形式继续进行商务活动。

工作用餐的时间一般是中午，规格不大，主人在请柬方面不用过于严格，而客人在答复方面也不用过于准确。为确保干净卫生，最好采取分餐制或公筷制的方式。在用餐期间，双方会继续商务上的交谈，但应注意不要进行录像、录音或专人记录，以免打扰进餐的愉悦氛围。

工作用餐是主人和客人进行业务商谈的一个时机，这个时候最好不要有无关人员参与用餐。偶遇熟人最好的应对方式是打招呼，为他们进行互相介绍，但最好不要让其留下，避免分散注意力和议论纷扰。

2. 商务宴请的特点

（1）特殊性。商务宴请中的礼仪要求以"客户至上"和"职位优先"为准则，不受性别、年龄等因素影响，与其他宴请活动存在明显差异。

（2）多样性。商务宴请中的礼仪因国家、地区、民族等差异而有所不同，因此在遵循基本礼仪规范的前提下，需要以开放、包容的心态去面对对方。

（3）规范性。在商务宴请中要注重规范个人的行为表现，以体现个人内在修养。

3. 商务宴请的原则

商务宴请的基本原则是"6M"原则，6M原则是世界各国在宴请过程中广泛参照应用的礼仪原则。6M分别是：menu，精美的菜单；music，动听的音乐；mood，迷人的氛围；meeting，融洽的会面；manner，得体的举止；meal，可口的食物。按照6M原则安排宴请是宴会顺利进行的重要条件。

在商务宴请活动中还应遵守适量原则。保持务实和节约的态度，对于宴请规模、人数、档次、菜肴数量，都要量力而行，从实际出发，忌炫耀攀比和铺张浪费。

二、商务宴请准备

商务宴请活动要取得成功，宴请之前做好充分的准备工作是非常必要的。宴请的形式、时间、地点、客人的口味偏好和禁忌等都是宴请准备环节中必须要把握的细节。有效地做好宴请准备工作，能够使宴请的过程更加顺利。

1. 明确目的、主题、范围

首先需要确定宴请目的，是祝贺展览开幕，还是庆祝重大建设项目结束，又或是举行业务会谈等。其次确定请客主题，一般参考主人和客人的身份来进行确定。再次需要确定请客范围，主要指邀请哪些人、什么级别、参与人数多少。应了解客人的性格、兴趣、爱好、食物禁忌等，安排与客人相识相熟或有共同语言的人做陪客。最后

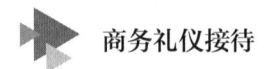

确定宴请形式,例如,正式的商务场合可选择举办正式宴会,轻松愉悦的交往可选择举办冷餐会或酒会。

2. 确定宴请时间及地点

应尽可能避免在对方的重要节假日、大型活动举办期间或有禁忌的日子等进行宴请。通常可提供几种时间上的选择,提前和客人进行协商,再根据客人反馈的情况进行安排。正式宴会的用餐时间一般控制在 1.5~2 小时,而非正式宴会一般控制在 0.5~1 小时。

宴请不仅仅是为了品尝佳肴,更是为了交流感情。选择一个温馨舒适、气氛优雅的场所可以提高宴请的整体质量。应根据宴请形式、客人的身份和地位来确定宴请地点。正式隆重的宴请活动一般安排在酒店内举行。应尽量选择自己熟悉的地点。考虑到出行便利的要求,宴请地点最好还应有公共交通线路经过,有足够的停车场,以方便客人到达,或者可以考虑为客人准备交通工具。此外,宴请地点的卫生设施要完备,卫生状况应良好,以确保用餐者的身体健康。

3. 发出宴请邀请

首选是正式的请柬邀请,其次是电话邀请、邮件邀请、短信邀请。邀请函件中应详细罗列宴请时间、地点和着装要求等信息。邀请应按照先主宾再其他受邀者的顺序进行。应至少提前一周发出邀请,以便客人能够做好充分准备。

4. 布置宴请现场

布置宴请现场时应注意确保环境整洁,氛围与宴会形式相匹配。装饰应适度,不宜使用过于华丽的灯饰,可以用少量鲜花或盆景点缀。可根据宴请规格,准备有欢迎语的标语或者展示架,也可针对性准备影音材料,以表诚意。餐桌上放置一些鲜花和蜡烛,可增加用餐的隆重气氛,但数量不宜过多,摆放位置要合理,避免遮挡客人的视线。光线需要适当调节,避免直射到客人的脸上造成不适。

为了保证宴会顺利进行,应根据所邀请的客人数量和餐点的种类来准备充足的餐具。确保每件餐具,以及桌布、餐巾等都是干净卫生的。在宴会开始之前,要先清洗并擦干玻璃杯、酒杯、筷子、刀叉及碗盘等餐具,以营造出良好的用餐环境,确保客人的用餐体验。

5. 确定菜谱

根据宴请规格和客人的饮食习惯来确定宴会菜谱。菜品应有主有次、有冷有热、有荤有素,注意菜色和味道的搭配,做到丰俭得当。

三、迎宾与入座礼仪

1. 迎宾礼仪

在商务宴请时，通常要在大门口安排人员迎接客人。当客人到达之后，需要问候对方并引领前往休息厅，那里会由迎宾人员为客人提供服务或是由其他接待人员陪同聊天。主宾到达时，主人应陪同其他客人一起迎接并致礼。

2. 桌次礼仪

商务宴请可以使用各种形状的餐桌，如圆桌、方桌或长桌，但餐桌之间的间距应该合适，每个座位之间的距离一般要一致。餐桌的布置要根据场地情况进行。无论是哪一种宴会，都应整齐统一地摆放餐桌并安排座位，台布折痕朝向同一方向，以营造出整体美感。

在桌数较多时，中式宴请通常会先安排桌次和座次，有时只会为主桌安排座次，而其他桌则只安排桌次。中式宴请桌次礼仪主要遵循"中间为上""以远为上""以右为上""近高远低"等原则。主桌一般是最前面的或中间的餐桌，可用桌子的大小、名牌、主题装饰来区分。其他桌距离主桌越近，桌次越高；距离主桌越远，桌次也越低。如果席设两桌，则以右桌为尊。入座先从主桌开始，其他桌陆续入座，也可以等主桌以外的客人都已坐定，主桌人员再最后入座。

在商务宴请中，桌子的摆放和人员座位的设置需要考虑到赴宴者的性别、年龄、职务、社会地位等因素。因此，在确定桌次后，需要根据主宾的身份来决定相关人员的座次。

3. 座次礼仪

商务宴请座次礼仪是商务人员必须掌握和遵守的礼仪之一，它能够体现商务人员的基本职业素养，还影响着商务交往的效果。

（1）中式商务宴请。座次礼仪是中国传统文化的重要组成部分。在中式商务宴请中，座次的排列通常遵循以下几点基本原则。

1）以右为尊，恭敬主宾。主人应当为身份较高的主宾安排座位，以表尊重。客人的座次是以主人的右侧为大。如果主宾的身份比主人更高，则主人应该坐在主宾的右侧以示礼貌，如果有第二主人，其位置是在主宾的左边。

2）面门而上，近高远低。在安排座位时，主人应该面对餐厅正门，坐在主位。座次以主位为中心，遵循近高远低、右上左下的原则。若有多位主人，则可以交叉安排。座位距离主位越近，地位越尊贵。举办多桌宴请时，每桌都应该有一位主桌主人的代表在座，宾客的座位应该根据其职位或身份来安排，离主人代表越近的位置表示尊贵程度越高。如桌数较多，可安排引领人员，避免尴尬和混乱。

（2）西式商务宴请。西餐礼仪起源于意大利，其中座次安排在西餐礼仪中尤为重要。中西式宴请座次礼仪有很多相似之处，也各有特点。西式商务宴请座次的排列一般遵循以下规则。

1）恭敬主宾。西餐礼仪中主宾会受到人们的尊敬。即便就餐的客人中有一些人身份、地位都比主宾高，年纪也比主宾大，主宾也依然是主人的焦点。排座时要请主宾靠近主人坐下，以获得更多关照。

2）女士优先。西餐礼仪中女士是受人尊敬的。

3）以右为尊。排定座次的时候，以右为尊还是最基本的标准。所以，应安排主宾坐在主人右侧。

4）距离定位。在通常情况下，离主位近的位子座次高于距主位远的位子。

5）面门为上。也称迎门为上，即面对餐厅正门的位子通常座次要高于背对餐厅正门的位子。

6）交叉排列。正式的西餐宴会在排座时，男女双方要交叉安排，生人与熟人之间要交叉安排，而且要求最好双数出席，男女各占一半。所以，用餐者对面与两边极有可能为异性，双方也有可能互不相识。这样做最大的好处就是能帮人交到新的朋友。

西式商务宴会中，人们所用的餐桌有长桌、圆桌、方桌等，有时会把这些桌子拼成各种图案。最常见的长桌排位一般采用两种布置方法：一是把男、女主人分别布置在长桌的正中，相对而坐，桌子的两边均可坐人；二是把男、女主人分置长桌两头。在西式商务宴会里用圆桌排位是比较少见的，越是盛大和正式的宴会越少见。圆桌座次排列方式一般都是多种规则综合应用的产物，通常是男女间隔而坐。使用方桌排位时，桌子四边的人数要相等，常见的是一方桌坐8人，每边各有2人，排位时应保证男、女主人及男、女主宾相对而坐。

4. 致辞

正式商务宴请一般都会有正式致辞来迎接和介绍来宾。非正式宴请时，主客双方一般只需作简要介绍就可以开始用餐。

四、用餐礼仪

出席商务宴请需遵循商务用餐礼仪规范。

1. 中餐用餐礼仪

（1）用餐姿态。用餐时保持身体端正，身体与桌边的距离不可太远也不可太近，不跷二郎腿，双脚平放，双手不可交叉放于胸前，坐姿保持稳定。用餐时不可狼吞虎咽，应小口进食。嘴里有食物时应闭嘴咀嚼，不要发出声音。用餐过程保持举止优雅。

（2）餐巾使用。开餐时，将桌上的餐巾完全拉开平铺在腿上。中途如需离席，可把餐巾折好放在桌子上，但是千万不要把餐巾挂在椅背上。就餐结束时，可用餐巾轻擦唇部、嘴角等处，再把它们摆放在餐具的右侧，但是千万不要把它们叠得太方或摆在椅子上。

（3）筷子使用。使用筷子时，有些忌讳是应该注意的：拿筷子时食指不可翘起，一次夹菜不可太多，夹菜的时候不要滴在其他菜里或桌子上，不可将筷子放在嘴里吸吮并发出声音，不应该翻挑盘里的菜，不可在汤里涮筷子，不可将筷子直插在饭里，不要用筷子敲餐具，不要拿着筷子指手画脚地谈论，不可失手将筷子掉落地上。

（4）汤勺使用。汤勺是喝汤用的专用工具，不宜用来吃饭，但是用筷子取食时也可以用汤勺来辅助。盛汤的时候要把筷子放下来再用汤勺。用过汤勺之后，应该把汤勺放到自己的碟盘里。中餐喝汤时一般都是用公用大汤勺把汤水由汤锅盛到己方汤碗里，再端起汤碗拿起汤勺饮用。

（5）餐间谈话。若是一个人赴宴，身边又无熟人，不免紧张寂寞，坐到陌生人的身边就更觉得拘谨了。这个时候可以自我调节一下，试着和身边的人聊几句，找到几个彼此感兴趣的主题。在别人侃侃而谈的时候，不妨做他们的观众，不要忘记频频点头或者随声附和数声表示同意。当然，还可选择与风趣幽默者同坐一桌，氛围会比较热闹。宴请冷场时，可采取斟酒、劝酒的办法调节气氛。

（6）饮酒方法。在商务宴请中，祝酒时由主人和主宾先碰杯，之后其他人互相碰杯。碰杯时应目视对方以示敬意。斟酒时应面带微笑，右手执瓶身，左手轻扶瓶侧，姿态优雅而认真地将酒慢慢倒入对方杯中。接酒时应右手持杯，左手扶住杯底，微笑道谢。

（7）品茗之道。品茶时可用手掌托着茶杯，另一手轻扶杯耳；也可双手捧着茶杯，置于唇边，轻吹飘浮于茶水之上的茶叶，再徐徐品之。

2. 西餐用餐礼仪

（1）用餐姿态。入座后，坐姿应保持稳定，不能前后摇摆。无论男女，用餐时跷起二郎腿都不美观而且失礼。胸部与桌子的距离不可太近也不要太远。手放在桌面上时，只是把手腕轻轻搭在桌上，手指自然平稳地放在桌上；不能用手臂支撑身体，靠在桌子上，也不能双手交叉在胸前。

（2）餐巾使用。将餐巾打开对折成三角形或长方形，折痕朝里，平铺在腿上。用餐过程中餐巾可以擦拭嘴角但不可擦汗、擦餐具。中途如需离席，千万不可把餐巾挂在椅背上。用餐结束时把它叠好摆放在桌上。

（3）餐具使用。左手拿叉，右手拿刀和勺，右手端杯子。切东西时左手拿叉按住食物，右手执刀将其切成小块，用叉送入口中。整个用餐过程中只能用餐具把食物送到嘴里，不能把盘、碗端起来。不要用自己的餐具为他人夹菜、舀汤，也不要交换餐盘。用餐过程中，刀叉呈"八"字摆于餐盘边，刀刃朝左，说明此道菜品尚未食用完。将刀叉并拢放在盘子里代表此道菜品食用结束。手拿刀叉时不可指手画脚地谈话，刀叉不可竖起来，也不可以将刀子放进嘴里，更不可以舔刀子，这极不雅观也很危险。

（4）用餐、喝汤。食物送入口中后应闭嘴咀嚼。口中有食物的时候，切忌再往里面塞进食物或其他任何饮品。不可以咂嘴出声。菜品温度较高时，可等它稍凉一下再吃，但是别用嘴吹。吃鱼肉之类有刺或有骨头的菜，不直接往外吐刺和骨头，可先用餐巾掩嘴，轻吐于餐叉上，再放进盘中。吃面的时候要用叉把面卷起来再食用。面包要掰成小片食用，如需抹黄油、果酱时，也应把面包掰小再抹。如盘中残留的菜较少，切勿用叉或手指去刮盘底，可以用面包块蘸食或使用餐叉配合。喝汤时用汤勺从内向外舀出。如汤盘里的汤快要喝完，可用左手将汤盘适当倾斜，便于舀净。

（5）咖啡饮用。右手持咖啡杯，左手持垫碟，直接饮用。咖啡匙只在咖啡加奶或糖时搅拌使用，不可用咖啡匙舀食咖啡。

（6）葡萄酒饮用。葡萄酒应保存在冰箱冷藏室里，不能直接放入冷冻区或加入冰块；白葡萄酒及气泡葡萄酒在用餐过程中可放入冰桶，冰桶内水和冰各半。斟酒时，可使用桌斟或捧斟的方法，瓶口均不可触碰杯子边缘。为便于晃动及酒香散发，一般每次只需倒入 1/4～1/3 杯的量。喝酒的时候要手捏杯柄，不要手握杯身或者托着杯肚，其目的在于避免体温对葡萄酒风味造成影响。

（7）注意事项。在西餐用餐过程中，切勿放肆地大笑或大声喧嚷，不可在桌上当众补妆或整理衣饰，不宜涂过浓的香水以免香水味盖过菜肴味，更不可以毫无遮掩地当众剔牙。

五、道别礼仪

1. 客人离席礼仪

宴会后,要热情地同主人话别和告别其他宾客,若有其他事宜商谈应另约时间,以免影响主人送客。主人馈赠礼品时,要愉快接受,同时表示非常喜欢,并礼貌致谢。

2. 主人送客礼仪

客人准备起身离席时,要主动给客人拉开座椅,以体现热情周到。保持微笑与宾客告别,以示尊敬与谢意。同时及时查看宾客有无遗漏物品的情况,如有发现应及时送还。

学习单元 6

商务送别礼仪

商务送别指的是在商务接待结束后进行的送别行为。

一、商务送别原则

1. 灵活应变

在接待过程中，与客人积极互动，分析并了解客人的心意，再考虑实际情境，选择合适的送别方式。不但要符合相关的规定，还要满足客人的需求。避免采用千篇一律的方式送别所有客人。

2. 准备充分

送别仪式应该简单方便，注重实际效益，突出人情味，场面不要浮夸，对于人员、车辆要严格限制，以避免浪费。事先安排好送别来宾所要使用的交通工具，并做好预案，以应对突发情况。

3. 礼尚往来

客人来访时若有礼品赠送，送别时一定要回赠有象征意义的礼品。

二、商务送别注意事项

会客时，如果想知道时间，最好回避客人，若当着客人面看表，会给人一种主人不耐烦的感觉。

客人提出离开后，主人要等客人先站起来再起身，同时握手道别，并预祝客人旅途愉快或者热情地欢迎客人下次再来。主人应将客人送至门口，在客人的身影完全消失后再返回。

送别时，主人一定要热情并有祝福，如果既没有热情挽留，也没有送别的话语，会让客人感觉很冷淡，有拒绝往来的意味。

到车站、码头或机场送客时，尤其不要表现得心神不宁或频频看表，这样会使客人误解成催他赶快离开。送客时需要等客人所乘车、船开动并消失在视线外再离开；若送客到机场，要等客人通过安检后再离开。

学习单元 7

商务馈赠礼仪

在商务交往中，馈赠作为一种非语言的交际方式，不仅能拉近人与人之间的距离，还可能促成商务合作。

馈赠是表示友善的一种形式。礼物最大的价值不是物质价值，而是礼物所带来的情感价值。馈赠既是友好的表示，也是友好的象征。礼不在贵重，而贵在适时、适宜，贵在真诚。商务活动中的馈赠，更是以其象征性来传达情谊。

对于馈赠，需要注意礼物的选择、馈赠的时机和馈赠的方式等方面的问题。

一、商务馈赠原则

1. 选择适宜时机

馈赠礼物不仅要慎重选择礼物，更需要把握好馈赠的时机，抓住如逢年过节、受礼方工作有了重大进展或纪念日等特殊事件的馈赠机会，及时送上自己的心意。

2. 把握礼物轻重

在商务馈赠时，应要把控礼物的物质价值。礼物的"轻重"应根据双方的关系、对方的身份、赠礼的目的和场合决定。礼物太便宜，很容易让对方误解为赠礼方舍不得、瞧不起人。礼物太贵重又有受贿之嫌，受礼方不敢接受，还会给受礼人增加很多麻烦。因此礼物的轻重问题需慎重对待。

3. 投其所好

要根据受礼者的喜好,有针对性地选择礼物,重视礼物的精神价值和纪念意义。赠送投其所好的礼物会让受礼者特别感谢并印象深刻。

二、馈赠礼物的选择

礼物并非一定要贵重,赠礼方的心意不能用金钱来衡量。因此,赠送礼物最关键的一步是选择适合受礼者的礼物。要考虑对方的兴趣爱好和禁忌,另外还要考虑赠礼目的和预期达到的效果,最后还要重视礼物的包装,礼物包装与礼物价值应对等。

不同受礼对象的礼物选择建议见表3-5。

表3-5　　　　　　　　不同受礼对象的礼物选择建议

对象类型	礼物选择
20岁以下	趣味性强的礼物,如潮玩、电子产品
20~40岁	多参考受礼者个人的喜好与需求
40~60岁	精致的礼物,如较特别的手工艺品
60岁以上	实惠的礼物,如实用的生活用品
外国客人	中国特色的礼物,如熊猫主题文化产品、丝绸、瓷器、茶叶等

三、馈赠礼物的时机

确定礼物后,还需要把握馈赠时机。一般情况下,下列时机较适合赠礼。

1. 道贺

如在对方升学、职务晋升或者其他重要时刻赠送礼物。

2. 道喜

在开业典礼、周年纪念等特殊场合,赠送礼物可以表达恭喜之意,进而强化关系。

3. 道谢

如果生活或者工作中遭遇困难并且得到了对方的帮助,可以在适当的时候馈赠对方礼物以示感激。

4. 慰问、鼓励

在对方遭遇困难、逆境、挫折或生病时，可以适时送上礼物以表达安慰之意。

5. 拜访、做客

当拜访或做客时，往往也要带上一份礼物登门，一方面对打扰对方表示歉意或对接受对方款待表示感谢，另一方面向对方表示自己的问候。

6. 节日祝贺

遇到我国传统节日，如春节等，可向业务往来单位人员赠送一些礼物、纪念品表示祝贺。

四、馈赠礼物的方式

常用的馈赠礼物的方式有三种：当面赠送、托人赠送和快递赠送。

1. 当面赠送

当面赠送时，赠礼方应平和友善，神态自然，举止落落大方，双手将礼物递给对方。在赠送礼物时可灵活应变，既可以介绍选择该礼物的缘由，又可以介绍礼物的寓意，还可以展示礼物的用法，均有助于提升馈赠的效果。

2. 托人赠送

当赠礼方不宜当面赠送礼物时，委托第三者代替自己将礼物送达受礼人可显示赠礼方的重视，也可以避免受礼人的某些拘谨。所赠礼物应附上一封礼笺，由所托之人在转交礼物时告知未能当面相赠的恰当理由。

3. 快递赠送

通过快递赠礼时应附上赠礼缘由并署名，这会使受礼人感受到赠礼方的满满诚意。

五、接受/拒绝礼物时的礼节

在商务交往中，当准备接受对方馈赠的礼物时，需立即停下自己在做的事，起身站立，面向对方，面带微笑双手接过礼物，并向对方道谢。在现场人数不多且时间充裕的情况下，应当着对方的面拆封，动作应自然有序，不乱扯、乱撕、乱丢包装用品，见到礼物后应表达感激与喜爱之情。

在商务交往中，当不能接受对方的礼物时，应礼貌拒礼。礼貌拒礼的方法见表 3-6。

表 3-6　　　　　　　　　　　礼貌拒礼的方法

方法	说明
婉拒法	以婉转、得体的措辞，向赠礼方传达难以接受礼物的信息
直言法	直截了当地向赠礼方说明自己之所以不能接受礼物的原因
事后归还法	在公开场合拒收礼物可能会让赠礼方很尴尬，可以选择事后退还的方式，但需保持礼物的完整，包装不要损毁，礼物最好当天就送回去

学习单元 8

涉外商务礼仪

一、涉外商务礼仪的概念与原则

外事礼仪是在国际交流互动中人们共同约定的一套规范。开展国际商务活动时不仅要遵从当地的民风民俗,还需要了解和掌握商务场合的礼仪禁忌,这样才能既赢得对方尊重,又取得商务合作的成功。为了避免因不当的行为引起误会和难堪,在参与国际商务活动时,应当优先掌握涉外商务礼仪的概念和原则。

1. 概念

涉外商务礼仪是国际商务活动中需要遵循的规范。

由于地理和历史的原因,各地区、各民族对于礼仪的认知有很大的差异。随着社会的发展与科技的进步,国际贸易和对外交往日益频繁,各种类型、各种层次的文化交流、贸易往来和外交谈判逐渐增多,克服文化差异造成的交往障碍,是全世界共同的挑战,因此了解涉外商务礼仪并掌握其内容就显得尤为重要。

2. 原则

(1)维护个人形象。作为一个文明有礼的人,必须时刻注意维护自己的形象,这一点在国际商务活动中同样适用。

(2)求同存异。在国际商务活动中,求同存异体现在三个方面。

1）以本国礼仪为主。
2）既采用本国礼仪，又尊重交往对象国家的礼仪。
3）尽量遵守国际通行的礼仪规范，同时保持尊重差异的态度。

（3）热情有度，不卑不亢。在直接同外国人打交道时，应把握待人热情友好的分寸，避免过犹不及；在进行自我评价时，既不应该夸大、炫耀自己，也不应该过于自卑或贬低自己。必须认识到，在外国人眼中，每个中国人不仅代表自己，还代表着国家、民族和企业。因此，在国际商务活动中，必须沉着自信、态度端正，表现应庄重得体、大方有度、不卑不亢。

（4）入乡随俗，不宜先为。不同国家、地区、民族的文化差异有时会成为涉外交往中的一个障碍。因此在与外国人交往时，必须学会尊重对方的文化和习俗，尤其是对方的宗教信仰。在面对一时难以应付、举棋不定的情况时，不宜冒昧行事，若有可能，不妨静观周围人的作为后，与之采取一致行动。

（5）尊重隐私。在进行涉外交往时，必须尊重对方隐私。涉外交往中不宜提起的隐私话题见表3-7。

表3-7　　　　　　　　　　　涉外交往中不宜提起的隐私话题

大类	说明
收入支出	一个人的实际收入与其个人能力和实际地位有直接的因果关系。薪金收入，以及反映个人经济状况的诸如报税金额、银行储蓄、证券投资收益、家庭住所面积、车辆款式、服装品牌、消遣方式、旅游地点等方面情况均应避免提及。个人收入多寡常被视为社交场合表现自身社会地位的重要因素，因此对他人进行直接或间接打听是十分忌讳的事
年龄情况	我国的传统向来尊老爱幼，对年龄不太在意。但在国外，人们普遍不愿将自己的实际年龄轻易告知他人，尤其是英美人对年龄较为敏感，希望自己永远年轻。因而与外国人交往时不应打听对方的年龄，避免失礼
恋爱婚姻	对晚辈的婚恋情况牵挂在心是我国人民的传统习惯，但是很多外国人却将此视为纯粹的个人隐私。在某些国家，如果向异性探讨婚姻、恋爱等话题，可能会被视为无聊、不礼貌、烦人的行为，甚至有可能被指"性骚扰"
家庭住址	在大多数外国人的看法中，他们的私人住所是私人生活的领地，不希望别人未经允许进入干扰。如果他们透露自己的住址，可能是想邀请客人去做客，但一般情况下，应避免提及这个问题
政治信仰	不同的国家社会背景会导致人与人之间存在各种差别，涉外交往重要的是以友谊为基础，不应轻易对交往对象的宗教信仰、政治立场等作出评价，更不能将自己的政治观点和见解强加于人，这样做是不友好、不礼貌并且不尊重他人的表现

续表

大类	说明
所忙之事	在我国，人们相见时会询问对方"您最近在忙些什么呢""怎么好久不见您了"等问题，这些在中国人看来回不回答并不重要的寒暄，外国人却会觉得是过分好奇、不尊重他人的表现，并且认为提出问题的人可能有其他不良目的，因为这些话题在他们看来属于私密话题
身体状况	中国人见面时通常会互相询问"身体好吗"，如果知道对方曾有过疾病或健康问题，还会关心地问"身体好些了没"，如果关系亲近，还可能询问"你是怎么治疗的"，有时还会推荐医生或偏方。然而在许多国家，人们通常会反感别人过多关注自己的健康状况，这会让他们感到不舒服

（6）女士优先。女士优先是国际社会公认的礼仪原则，即在任何社交场合，每名成年男子都有责任主动尊重、关心、保护女性，以实际行动体现这种责任和尊重，并对所有的女性一视同仁地给予帮助，避免使女性陷入尴尬困难的处境。

（7）以右为尊。按照国际惯例，当多人并排站立时，右侧位置的地位高于左侧位置。以右为尊的礼仪原则普遍适用于政治协商、商务往来、文化交流、社交应酬等需要确定并排列主次尊卑位置的场合。

二、涉外迎送礼仪

在接待外宾时，需根据其身份、访问目的、来访目的地和两国关系等因素来安排相应的接送活动。对于商务来访，则根据实际情况来安排相应的交通工具。

1. 接待准备

（1）接收接待预约。接待预约信息见表3-8。

表3-8　　　　　　　　　　　接待预约信息

类别	具体内容
到访客人的个人信息	性别、年龄、领队、职称职务、姓名、宗教信仰、饮食偏好和限制、生活方式等
抵达时间、交通工具	准确掌握外宾乘坐的飞机（火车、船舶）抵达时间，航班（火车、船舶）的信息，在来宾抵达之前到达机场（车站、码头）迎接，不可迟到、早退
离开时间、交通工具	准确掌握外宾乘坐的飞机（火车、船舶）离开时间，航班（火车、船舶）的信息，在来宾离行前到达机场（车站、码头）送行，不可迟到、早退
其他信息	来访目的、方式、要求

（2）确定接待规格。根据接收到的接待预约信息，拟定适宜的接待规格。主要接待规格见表3-9。

表3-9　　　　　　　　　　　　主要接待规格

类型	说明
对等招待	主要陪同人员和客人的职位相同，这是最常见的接待规格
高格接待	主要陪同人员比客人的职位高。可用于高层领导派遣工作人员了解现状、传递信息，或跨企业商讨重要事项等场合
低格招待	在上级领导或主管部门领导外出的时候，主要陪同人员职位比客人低

2. 接站

一般在机场、车站等地的出口处，以接站牌或横幅迎接。接站牌或横幅的字体颜色要清晰醒目。高格接待通常在机场内进行，迎宾人员分别列于前后舷梯下，迎接红地毯则铺在前舷梯处。主宾和主要陪同人员从前舷梯下，其他人员从后舷梯下。

3. 献花

当主人与客人握手后，由主人将表达敬意的鲜花奉上。必须使用新鲜的花朵，并保持清洁和美观，避免使用菊花、杜鹃花、石竹花等，而象征着拒绝交往的黄色花卉更是禁忌。

4. 介绍

接待外宾的时候，一般由我方接待人员中地位最高者先介绍我方人员并介绍主宾，再由对方地位最高者介绍来宾并介绍主人。如果双方已经相识，则可以直接行见面礼。

5. 陪同

到机场、车站等地接送外宾时应安排陪同。如果是双排轿车，外宾坐在后排右侧，主人坐在左侧，翻译员坐在副驾驶位。如果是团队坐大客车，低职位的人先上车后下车，先坐中后部的位置。

涉外商务接待陪同时需注意以下几个细节。

（1）两人并行，外宾在右。
（2）三人并行，主宾在中，主人在左，并排前行。
（3）随行人员在后，不可并行。
（4）到达酒店后应让外宾稍作休息，不可马上安排活动。

6. 送行

给外宾送行时需注意以下几点。

（1）在外宾离开之际，应该尽力协助他们预订返程的车、船或飞机票，或者提供所需的证明以便购票。如果实在无法解决这些问题，应该及时通知外宾。当外宾需要票务代购时，接待人员必须确切地了解车次、班次、时间以及各种细节需求。

（2）当外宾携带行李物品时，接待人员应该小心地帮助他们将行李物品搬送到车上。在确认外宾平安上车后，应轻轻地关上车门，向外宾挥手告别并表达祝愿。

（3）在前往机场、港口或火车站送别外宾的时候，送宾人员应该与他们一一握手，并表达良好祝愿。在目送外宾离去时，应该一直挥手道别，直到他们的身影消失在视野之中。送宾人员应该在确认车、船或飞机离开之后再返回。

三、涉外会见、会谈礼仪

涉外会见、会谈礼仪主要包括三个方面的内容。

1. 会见座位的安排

通常情况下，在会客室或办公室进行会见时，若并排面门而坐，主人一般就座于主宾的左侧，在主人和主宾后方坐翻译和记录员，其他的客人按照礼仪原则坐在主宾的一侧，而剩余的人则安排在主人的一侧。如果座位不够，还可以在后排添加。

2. 会谈座位的安排

在双边会谈中，通常采用长方形的会议桌，并以正门为基准，主人会坐在与客人对面的地方，背对门；如果长桌的一端朝向正门，则以面门的方向为基准，右侧为客方，左侧为主方。主要谈判者坐在中间，翻译员一般坐在他们的右侧或者后面，剩下的人按照对应顺序坐在左右两侧。如果与会人数不多，记录员可以坐在会议桌旁，如果人员较多，则可以安排记录员坐在后面。

多边会谈通常使用椭圆形桌子，如果是小范围的会谈，也可以不放置长桌而使用沙发，座位按照会见座位的排列方式安排。

3. 会见、会谈时的礼节

（1）访问方在申请会晤后，应及时与接待方联系并提供所需的信息，例如与会人员的职务、姓名、会晤目的和对象。接待方如同意会晤，应尽快回复并确定具体的时间。如果无法安排会晤，应以礼貌的方式解释原因。

（2）作为接待方，应主动协商会晤的具体时间、地点、主要参与人员、注意事项和其他安排，并及早通知参会人员和相关部门。访问方应积极了解相关情况，以确保沟通顺畅。

（3）接待方应提前到达会晤场所，准备座位和其他设施。如果参会人员众多，应考虑使用扩音设备和分配座位，在会晤前确定座次图，并将中外文座位牌安置在座位上以便识别。

（4）访问方到达时，在门口应有接待方的人员迎接。如果接待方无法到门口迎接，应指派其他人员代替，引领访问方前往会晤室。如果需要拍照留念，应在握手后进行，合照布置需提前商定。通常情况下，接待方居中，按照礼宾次序以接待方的右手为尊，主宾双方间距需适当。应确保所有人都能参加合影，合影结束后方可入座。

（5）会议期间，只有必须存在的人员，例如陪同人员、翻译员和记录员可以在会晤室内停留。如双方同意在会晤期间接受媒体采访，媒体采访时间不应超过3分钟，之后媒体应撤离，以保障会谈顺利进行。

（6）会晤期间提供的饮料因各地区文化不同而有所差异。在我国，通常提供茶水和水，夏季可能还会提供凉茶或冷饮。当会晤时间较长时，也可以根据需要提供咖啡、红茶等其他饮料。

（7）会晤结束后，接待方应陪同访问方到大门处或车前握手道别，目送其离开后方可返回室内。

四、涉外参观游览礼仪

涉外参观游览是指外方人员或我方人员在访问或旅游期间为了解所访国家情况，达到出访目的，对一些风景名胜、单位设施等进行实地游览、观看和欣赏。涉外商务参观既要考虑参观的项目和场所，也要考虑参观的接待和陪同，还需要考虑不同国家或地区的文化差异，将文化因素纳入参观项目选择和接待礼仪中。

1. 组织外方人员参观游览的礼节

外宾来访时，应考虑通过参观游览，使其了解我国的历史文化、风土人情和经济发展状况，这是树立企业形象、对外宣传、搞好开放工作的好机会。

（1）制订计划。需要仔细分析外宾拜访的目的、性质、意愿和兴趣，结合当地的实际条件进行精心策划，确定适合的参观项目。

1）根据来访目的和性质安排有针对性的游览活动是基本准则。

2）待外宾到达后，接待方提出参观游览项目，与外宾共同商定。对重要的、身份高的外宾来说，可事先通过外交途径了解其要求，予以适当安排。

3）安排参观游览要综合考虑当地实际情况，如安全设施、保密设施、接待条件、气候等，做到力所能及、切实可行。

同外宾商定参观游览项目后，做出详细计划，包括参观项目的先后顺序、参观前有无介绍、参观中是否需要座谈、参观点之间距离远近、参观路途交通工具、途中是否安排休息等。计划制订后必须尽快通知接待单位，同时告诉全体接待人员。

（2）陪同参观。外宾进行参观的时候要有身份相应的我方人员陪同，包括主陪、解说员、翻译员等。

接待单位在外宾到达前，应尽可能把参观项目的基本情况介绍以书面形式发送给外宾。外宾到达后，接待单位应安排专人向外宾做讲解。需注意：

1）在注意保密的前提下，实事求是。

2）在介绍时应简单明确主题，凸显单位特色，让外宾加深印象。

3）在介绍时需要尽量确保所有人都能够听到、听懂。如果人数较多，可以考虑分级介绍或者利用扩音设备。

（3）摄影。在允许摄影的地方进行摄影，不允许摄影的地方应设置中英文警告牌。

（4）后勤保障。如果参观游览的地点较远，应提前安排好用餐时间、地点和方式，以及参观游览的出发时间和集合地点，并通知所有参加人员。在活动前需要检查车辆，以确保参观游览活动正常顺利进行。

2. 我方人员在国外参观游览时的礼节

（1）提前了解当地的风俗习惯，以便在参观时避免不必要的冒犯。

（2）在参观的过程中尊重当地的规定和限制，根据访问目的和性质，在保持礼貌的前提下，尽量听从主人的安排。

（3）专注聆听和及时回应，避免表现出不耐烦或漫不经心，尤其是在主人介绍时要认真听取，尽量让主人感受到你对他所说内容的兴趣和尊重。

（4）积极交流，以增进了解和加深友谊，但避免在敏感的话题上发表不恰当言论。

（5）理解主人的宗教信仰和风俗习惯。

（6）在参观时要穿着得体整洁，符合当地的文化和规定，避免不合适的服装或行为。

（7）参观完后向主人表示感谢，礼貌道别。

五、涉外礼物赠送礼仪

对外交往中,赠礼是必要的,既是礼仪的体现,也是一种联络感情、广交朋友、增进友谊的方式。在赠礼时需要注意以下几点:一是避免赠礼过多而显得零散无章;二是避免礼物过于昂贵而使得受礼人不好意思接受;三是避免礼物体积过大,不方便携带。

1. 赠礼基本原则

赠礼需遵循4W1H原则(见表3-10)。

表3-10　　　　　　　　　　　　　4W1H原则

名称	内容
W1	赠礼对象(who)
W2	赠礼物品(what)
W3	赠礼时间(when):客人宜在见面初期奉上礼物,或在和主人分开前赠送礼物
W4	赠礼地址(where):公事在办公室赠送礼物,私事在私人居所赠送礼物
H	赠礼方式(how to):确定赠送者的身份,对礼物的寓意、用途、价值加以适当的说明

2. 礼物的挑选要求

(1)展示民族特色。具有民族特色的礼物,体现出独特的本地选材和加工工艺,地方风格浓郁,能够折射本民族悠久的历史和独特的文化,具有触景生情、见物如面的效果,更易受外宾青睐。

(2)考虑对方国情。赠送礼物需结合对方国家的社会、政治、经济、文化、风俗等国情,避免触犯对方国家的禁忌,做到合情、合理、合法。

(3)兼顾对方个性与爱好。如赠送纪念旗、册、牌、章等给团体组织的领导人,赠送工艺品给官方人士,赠送小艺术品、书籍、画册等给民间机构人员等。

(4)注重礼物品质。赠送礼物前应逐一检查,确保包装精致美观;为方便携带,礼物宜小不宜大,宜轻不宜重。

(5)涉外商务交往中的八不送

1)特别大额的现金或有价证券不送。在国际交往中,许多国家规定拒绝收受现金或有价证券,以免有行贿和受贿之嫌。

2)高价值的贵重物品不送。例如天然珠宝和贵金属首饰,这些礼物可能会使受礼人在收到后感到尴尬或不适。

3)药品和保健品不送。除非受礼人已经明确表示需要这些物品。

4）带有广告、宣传用语或企业标志的物品不送。这些礼物不仅可能被视为借机宣传，还可能会被看作不真实、不诚实或太商业化。

5）易引起误解的物品不送。例如在送给关系一般的异性时，不宜赠送示爱的物品或让受礼人感到被冒犯的物品。

6）与受礼人信仰、文化或个人喜好不符的物品不送。

7）涉及商业机密或国家机密的物品不送。送这些礼物可能会违反法律规定，或者涉及不必要的商业和法律麻烦。

8）不道德或具有特定传统含义的物品不送。这些物品可能会引起不必要的误解，被看作不能接受的行为或观念。

3. 赠礼的方法

恰当的赠礼方法可以促进合作，而不当的赠礼方法则可能引起误解。赠礼时要特别注意礼物的包装、赠礼时机和赠礼方式。

（1）礼物必须精心包装，以体现出赠礼方的慷慨和用心。适当的包装可以提高礼物的价值和品位，也可以向受礼人传达心意。在选择礼物包装时，需要尊重受礼人的风俗习惯，运用合适的材料、色彩、图案、形状和缎带等，让礼物在视觉上更具吸引力。

（2）赠礼的时机也非常重要，因为这会直接影响到礼物被接受的概率。不同的场合和人际关系需要有不同的赠礼时机。在正式的会见和会谈中，可以在告辞时向主人赠送礼物；在道喜或道贺的场合，应该在见面之初赠送；参加宴会，可以在用餐结束之后或离开时赠送礼物；在观看文艺演出时，可以在演出结束后向主要演员赠送礼物。在收到礼物时，可当场回赠礼物；若作为东道主，回礼也可以在客人临行前适时进行。

（3）赠礼的方式。一般情况下，应该由赠礼方当面交给受礼人。但如果送贺礼、喜礼或给重要外宾赠送礼物时，可以委托礼宾人员专程转交或通过外交渠道转送。委托他人转送时，应在礼物外包装上附上一张名片，并将其放在填写有受礼人姓名的信封中。邮寄礼物不是一种好的方式，因为礼物容易受损、丢失或引起误会。

4. 礼物的接受

接受外宾赠送的礼物时，应当注意以下三个方面。

（1）表示感谢。外宾向自己赠送礼物时，应当双手接过礼物，与对方握手，当场道谢，并表示重视和喜爱之意。同时，应当注意面部表情，不要显得过于拘束或麻木。

（2）适时拆封。按涉外交往惯例，接受礼物后应当着赠礼方的面立即拆封，并认真查看礼物，表达对礼物的赞赏之情。如若无法在现场拆封礼物，需要在适当的时候拆封并表示感激之意。

（3）真诚致谢。接受礼物不是交往的终点，应当在适当的时候以书信方式或者亲口向赠礼方再次表达感谢之意。如果礼物是由他人代为转交，则上述做法尤其必要。同时，应当着重说明礼物的用途和价值，以此向对方证明自己愉悦和受益的程度，以及真诚和深刻的感激之意。

5. 礼物的拒收

以下五类物品建议拒收。

（1）毒品、武器、淫秽物品等违法、违禁的物品。

（2）带有侮辱性文字、人身攻击性语言等侵犯我方国格、人格尊严的物品。

（3）在不同文化背景下具有不同含义的，可能会引起误解的象征品。

（4）过于昂贵或者过分浮夸的物品。

（5）现金、有价证券等。

拒收时应委婉地说明理由，不能傲慢或无礼。在拒绝礼物时要谨慎处理，不能让对方感到尴尬或难堪。如果需要退还礼物，要尽快在会面后，适当地通过书信或电话方式说明情况并表示感谢。

学习单元 9

商务接待总结

一、接待费用结算

商务接待活动结束后,需要结算各项费用,包括用车、宴请、住宿、会场租用等。如果是协议合作单位,可采取挂账签单的方式进行,按照公司规定的流程及时办理。如果是临时性的租赁合作或者购买,应及时与对方结清各项费用。费用结算清楚后,应保留相关凭证,交公司财务部门妥善保管。

二、资料汇总和归档

商务接待活动结束后,需要对本次接待所涉及的所有资料进行汇总和归档。

1. 资料汇总

接待活动的方案、接待活动宣传资料、接待讲解文稿、接待活动简报或通讯稿、接待活动的影音材料等,需要联动各部门和相关负责人在规定时间内(一般不超过2周)及时汇总。

2. 资料归档

按照公司要求,各部门将汇总的资料交办公室或专门人员进行归档,按照资料的类别和级别进行编号、整理、存档,方便今后查阅。

三、经验总结

1. 总结接待经验

商务接待活动结束后,应该召开专题总结会进行总结,各部门或各小组的相关负责人应该认真进行书面或口头总结。在总结会中需要将活动方案或接待流程再次进行复盘,对接待方案的可行性和科学性进行完善和修订;对人员分工的合理性再次复盘推敲,确认是否出现人手不足或者人力浪费的情况,形成经验性材料供今后的接待活动参考。根据客人对商务接待活动满意程度的反馈或建议,进行相应检查与整改。

2. 总结接待中突发问题的处理经验

梳理接待活动全过程中的疏漏或者突发问题,形成专题应急处理预案并留档。

商务接待活动中常见突发问题的预防与处理方法见表3-11。

表3-11　商务接待活动中常见突发问题的预防与处理方法

突发问题	预防与处理方法
漏接客人	提前确认客人到达的交通方式、日期、时间;应提前到达,准备好接站牌;提前和客人取得联系,将接站人员所在位置或者接站牌信息提前拍照告知客人;如客人延误,耐性等待;如客人自行前往酒店或公司,立刻通知其他人员前往迎接
用车临时冲突	备选多家租车公司的相同规格的车辆,以免公司用车临时冲突
人员临时空缺	安排重要环节的候补人员名单,一旦空缺及时补位;非重要环节,可以调整分工,采用兼顾的方式
酒店住宿房间不够	提前核实客人人数,如果不能确定,可以多预定一定量房间;罗列出周边同等规格的酒店名单,提前预订,预防酒店满房
会议场地冲突	准备同酒店备选会议室或者备选酒店会议室,考虑会议设备到位情况
接待用设备故障	大型设备提前检查调试,安排专业人员负责全程技术保障;另外还要安排备用设备
接待用物品不够	小型物品均应多准备
参观考察项目冲突	准备多个参观考察项目或路线,随时接洽,做好准备
参观考察途中电梯拥堵	提前摸清参观考察路线的人流高峰期,考虑错峰;安排联络人员探路,随时调整路线
客人身体不适	及时安排就医,安排照顾人员,及时上报

四、客史档案建立

为了在接待活动中给客户留下良好的印象,为双方商务合作奠定基础,可以借鉴酒店服务中建立客户历史档案的做法,为接待过的重要客户建立客户历史档案,尤其是长期商务合作的对象。

客户历史档案简称客史档案,是指接待过程中自觉建立的客户信息和相关评价数据,是公司商务接待信息资源的重要组成部分。客史档案应包含以下两项基本内容:

1. 客户的常规档案

包括公司客户档案和个人客户档案。公司客户档案主要包括在签订协议时对方提供的公司名称、性质、业务范围、地址、负责人姓名、联系人姓名、联系方式、主要合作项目等信息。个人客户档案主要包括客人姓名、性别、出生日期、所属单位、有效身份证件类型和号码、联系方式、合作项目等信息。

2. 自觉收集的客户个性化档案

客户个性化档案主要是指在接待过程中,接待人员自觉主动收集到的信息,包括客户的家庭状况、学历、职称、职位、饮食偏好、住宿偏好、个人兴趣爱好、喜欢的交通方式、生活习惯等。个性化档案有利于为下次接待服务提供参考,为树立更佳形象、赢得客户好感、获得客户认可和信任奠定基础。

客史档案建立之后,应该充分发挥作用,除了为今后的接待提供参考,也可以通过档案中重要日期的问候互动来维系感情,为商务合作搭建良好关系。

附录1 商务礼仪接待专项职业能力考核规范

一、定义

商务礼仪接待是指在不同的商务场景中运用商务礼仪知识和技巧完成接待任务。

二、适用对象

运用或准备运用本项能力求职、就业的人员。

三、能力标准与鉴定内容

能力名称：商务礼仪接待　　　　　　　　　　　职业领域：

工作任务	操作规范	相关知识	考核比重
（一）商务礼仪接待准备工作	1. 理解并掌握商务礼仪的概念、内容、目的及特点 2. 掌握仪容仪表整理流程及方法 3. 了解行为礼仪包含的内容 4. 熟练运用仪态及日常交往礼仪 5. 能独立设计商务拜访的流程和应急预案 6. 能设定场景进行接待流程的演练	1. 商务礼仪基础知识 2. 个人形象相关知识 3. 行为礼仪基础知识 4. 商务交往基础知识	30%
（二）商务礼仪接待工作	1. 能设定场景，模拟迎接客户、安排食宿，并运用相关知识 2. 能模拟商务会议场景，并运用相关知识 3. 能模拟场景进行涉外商务的演练	1. 客户迎接礼仪知识 2. 商务宴请礼仪知识 3. 商务会议礼仪知识 4. 参观考察礼仪知识 5. 商务送别礼仪知识 6. 商务馈赠礼仪知识 7. 涉外商务礼仪知识	40%
（三）商务接待完成后续工作	1. 能对商务接待后的相关信息及资料进行整理 2. 能模拟商务接待过程中出现的突发问题并进行处理，形成经验总结并留档保存 3. 能在商务接待过程中建立客史档案	1. 商务接待结束善后处理知识 2. 商务接待结束后资料信息整理相关知识 3. 商务接待突发问题处理相关知识 4. 商务接待客史档案建立相关知识	30%

四、鉴定要求

（一）申报条件

达到法定劳动年龄，具有相应技能的劳动者均可申报。

（二）考评员构成

考评员应具备一定的礼仪专业知识及实际操作经验，每个考评组不少于3名考评员。

（三）鉴定方式与鉴定时间

采用笔试+试讲+实操相结合的鉴定方式，鉴定成绩实行百分制，成绩达到60分（含）及以上者为合格；鉴定时间不少于60分钟。

（四）鉴定场地与设备要求

符合公共卫生要求的标准教室，面积不小于60平方米。

附录2 商务礼仪接待专项职业能力培训课程规范

培训任务	学习单元	培训重点难点	参考学时
1. 商务礼仪基础知识	商务礼仪概述	重点：商务礼仪的概念 难点：商务礼仪的特点和作用	2
	个人形象礼仪	重点：个人仪容、仪表礼仪 难点：商务仪态礼仪	4
	商务交往礼仪	重点：称呼礼仪、握手礼仪 难点：介绍礼仪、名片礼仪、电话礼仪	4
2. 商务拜访	公司拜访礼仪	重点：公司拜访前的礼仪	2
	家庭拜访礼仪	难点：家庭拜访礼节规范	2
3. 商务接待	迎宾与饮食安排	重点：商务迎宾 难点：迎宾与饮食安排的注意事项	2
	商务会议礼仪	重点：商务会议服务礼仪 难点：商务会议准备	4
	商务仪式礼仪	重点：商务人员常参加的仪式 难点：四种常见的商务仪式流程与礼仪	4
	商务参观考察礼仪	重点：陪同和介绍的注意事项	1
	商务宴请礼仪	重点：商务宴请的流程 难点：座次礼仪、用餐礼仪	4
	商务送别礼仪	重点：商务送别原则 难点：商务送别注意事项	1
	商务馈赠礼仪	重点：商务馈赠原则 难点：接受/拒绝礼物时的礼节	2
	涉外商务礼仪	重点：涉外商务礼仪原则 难点：涉外商务接待相关礼仪	2
	商务接待总结	重点：总结接待经验和突发问题的处理经验	2
总学时			36

注：参考学时是培训机构开展的理论教学及实操教学的建议学时数，包括岗位实习、现场观摩、自学自练等环节的学时数。